フーミン
バキューン!!

愛されながら豊かになれる感情のトリセツ

山嵜史恵《フーミン》

プレジデント社

はじめに

すべての「結果」には、そこに至った「原因」が必ずあります。

ということは、「原因」さえわかれば、誰でも同じ「結果」を手に入れることができるということになります。

でも、実際のところ、物事はそう簡単にうまくいきません。

特に人間の行動が絡む出来事は、「原因」が同じようなものであっても、「結果」は大きく変わることが多々あります。

そこには「原因」と「結果」ともう一つ、重要な要素があるからです。

それが何かというと「**感情**」です。


同じ結果でも、人によって受ける感情はさまざまです。

たとえば、「恋人にフラれた」という出来事に対して、悲しみの感情をあらわにする人もいれば、ちょっと落ち込む程度で「よし、次の出会いに期待しよう！」と明るくなれる人もいます。

中には怒り出す人もいて、それが事件に発展することだってあります。

そして〝問題を解決する〟ということでいえば、「起こったことに対して、その人がどんな感情を抱いた」ということよりも、「**それが起こる前に、その人がどんな感情を持っていたか**」のほうが重要になってくるのです。

このように、「原因」と「結果」と「感情」の関係はとても複雑でわかりにくいのですが、そこを見事に表現し、エンターテインメント作品に仕上げたテレビドラマが２０２２年に放映され、話題になりました。

『オクトー　感情捜査官　心野《しんの》朱梨《あかり》』（読売テレビ制作・飯豊まりえ主演）がそれです（２０２４年10月からシーズン２が放映）。

ある事件をキッカケに人の感情が色で見えるようになった女性刑事が、犯人の感情を読み解いて動機を解明し、難事件を解決していくというストーリーなのですが、私はこのドラマを観たとき、ものすごく驚きました。

なぜなら、私もこれと同様の経験を持っているからです。

私は小さい頃から人の持つ感情が色で見えました。

いわゆる「共感覚《きょうかんかく》」の一種だと思いますが、当時はそんなこともわからず、そのことを口にすると周りの人たちが変な顔をするので、無意識に「これは言っちゃいけないことなんだ」と悟り、その力を使わないようにしてきたのです。

でも、その力は社会人になったとき、使い方によっては人のために大いに役立つと気づきました。

「共感覚」とは、ある一つの刺激に対して、通常の感覚だけではなく、異なる種類の感覚も自動的に生じる知覚現象です。音に色を感じたり、味や匂いに色や形を感じたりする人もいます。

日常生活を送るうえで特に問題がないこともあって、あまり話題にはなりませんが、最新の研究では23人に1人はなんらかの「共感覚」を持っているという研究結果もあるそうです。

短大卒業後に警察官となった私は、刑事や警察署の相談窓口の仕事など、さまざまな問題解決が必要とされる場で、その力を使いました。

そして、その力の可能性をさらに広げるために警察官を辞めて独立し、現在はカウンセリングやコンサルティングを通して、クライアントさんの成功や幸せの寄与に努めています。

警察官の仕事とコンサルタントの仕事はまったく別次元の仕事のように思われますが、「問題を解決する」という点では一致していますし、そこに「感情」が大きく絡んでいることも同じです。

人は平気でウソをつきます。

誤解を恐れずに言えば、それは犯人も、成功するための相談に来たクライアントさんも、同じです。

そして多くの場合、本当の自分の感情に気づいていないことで犯人は事件を起こしてしまい、クライアントさんは自ら成功を遠ざける行動をとってしまうのです。

どれだけ言葉でごまかしたとしても、人の感情は真実しか語りません。

本当の自分の感情と向き合ったとき、人は間違いを悟り、本当の進むべき道を知るのです。

感情はあなたが持って生まれた才能です。

だから、**どんな感情でも、それがポジティブなものであれ、ネガティブなものであれ、悪く使えば人生を破滅に導くものになる可能性がある反面、うまく使えば〝宝の地図〟になり、目標や夢を叶えるための最強の武器になり得ます。**

本書を通して、あなたの感情に隠された謎を一緒に解き明かしていきましょう。

2024年11月　山嵜史恵（フーミン）

目次

目次

第4章　自分と他人との関係が最強になる〝愛〟の使い方

第5章　ネガティブな感情を活用する方法

第6章　自分の感情を色で知り、活かす

第1章

人はみな、自分の感情に気づいていない

ウソつきは成功の始まり!?

「ウソつきは泥棒の始まり」という〝ことわざ〟があります。

平気でウソをつけるようになると、盗みも平気でするようになる。だから、ウソをつくことは悪の道へ入る第一歩になってしまう。

ウソをついた我が子に対して、このようなことを言って、ウソをいさめた方もいらっしゃるのではないでしょうか。

確かに一つウソをつくと、そのウソをごまかすためにまたウソをついてしまい、ウソが重なるごとに相手を欺くことへの罪悪感も薄れていき、それが犯罪につながることもあります。

私は刑事をしていた頃、多くの「**平気でウソをつく人たち**」を見てきました。

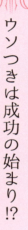

仕事がら、相手の証言に関しては、必ず裏を取って事実関係を確認します。

ある意味、ウソをつかれることが前提で仕事をしなければならない環境です。

ウソがばれないかオドオドしている人もいれば、ウソがばれそうになると逆ギレする人もいます。

中には「自分はウソなんかついていない」と、自己催眠でもかけているかのように、まったく表情にウソの色が表れない強者《つわもの》もいました。


ウソは相手を欺く行為ですが、すべてのウソに悪意があるわけではありません。

たとえば、小さい子どもがつくウソが典型です。

子どもは相手を騙そうとか、欺こうとしてウソをつくわけではありません。

たいていは「怒られたくない」とか、自分が置かれた現状を変えようとしたいだけです。

ただ、その方法に思慮が足りないため、ウソになってしまいます。

したがって、**小さい子どもがつくウソは、自分の現状を変えようとする行動の表れ**

であり、何をすればうまくいくか、あるいは成功するかの体験を積むための入り口なのです。

ウソをついたことをただ叱るのではなく、失敗を成功に導くにはどうすればよかったのかを伝えることも大事ですよね。

ウソの中に問題解決の糸口がある

人がつくウソにはいろんな感情が隠されています。

したがって、**その感情に気づくことができれば、さまざまな問題解決につなげることができるのです。**

警察官時代に、こんなことがありました。

「娘がお酒を飲んで暴れています。助けてください！」

人はみな、自分の感情に気づいていない

あるお宅から110番通報が入ったのですが、これは一度や二度ではありません。

このお宅の娘さんはお酒を飲んでは大暴れし、両親が警察に通報するということが度々ありました。

娘さんは酔っ払うと決まって両親に暴言を吐いたり、モノに当たり散らかしたりして大暴れするのです。

ある平日の真っ昼間に通報があって駆けつけてみると、いつもよりもヒートアップした様子で、娘さんは両親に対して「ふさげるな！　全部、お前らのせいだ‼」と叫んでいました。

娘さんの顔色には、怒り以外の感情が見え隠れしています。

そこで私は、彼女と二人きりで話すことにしました。

最初は警戒し、私に対しても怒りをぶつけていましたが、徐々に気持ちがほぐれてきたのか、自分の本音を話してくれました。

そして、ようやく出てきた彼女の本当の感情とは……。

それは「寂しい」でした。

両親に対して「私のことを認めてほしい」「もっとわかってほしい」という気持ちが、「なぜ、わかってくれないの」に変化し、怒りの感情として表れたのです。

私は彼女に、その気持ちを素直に両親に伝えてみたらと提案しました。

それ以来、両親からの110番通報は一度も入っていません。

このように、**関係が近いほど、素直に自分の本心を伝えられなくなることはよくあります。**

うちの娘も、たまに「ママ嫌い！」とウソをつきます。

ウソだと信じたい（笑）と思いながら娘の顔色をうかがってみると、「もっとかまってほしい」「自分を大切にしてほしい」という期待と不安の感情が見えます。

そんなときは、娘の目線に降りていって、「どうしたらうれしい？」と聞き、娘の本当の感情に問いかけるように意識しています。

多くの人は無意識に自分にウソをついている

子どもがウソをつくとき、「自分はウソをついている」と自覚していない場合が多くありますが、これは大人にもあります。

大人がつくウソの中で、意識的に相手を欺くウソは信用を失い人間関係を悪化させますが、〝無意識に自分を欺くウソ〟は自分自身との関係を悪化させます。

ただ、「無意識に自分を欺くウソは、自分自身との関係を悪化させる」といっても、それがどういうことかピンとこない方のほうが多いのかもしれません。

そもそも無意識についているウソなので、自覚できていないのは当然です。

では、どうすれば自覚できるのでしょうか。

「一生懸命がんばっているのに、なぜか自分の人生がうまくいかない」

「自分の納得のいく人生を送れていない」

こういう感覚があったり、そう思ったりするのだとしたら、それは「無意識に自分を欺くウソをついている」ことが原因である可能性があります。

実際、私のもとを訪れる方の中にも、「無意識に自分にウソをついている人」はかなりいらっしゃいます。

捉え方を変えて言うならば、何かの出来事や経験がきっかけで、自分の〝本当の感情〟を抑えたり隠したりするようになり、それが結果的に〝無意識のウソ〟につながって、そのことが原因で仕事や人間関係がうまくいかなくなり、私のところに相談に来る。こういう方が本当に多いのです。

私自身も「もっと自由に、もっと自分らしくできる仕事が他にもあるのではないか?」と思いながらも、収入が安定している公務員を辞める決断ができなくて、「やりがいのある仕事は他にあるわけがない」「今が十分幸せなんだ」と自分にウソをついていました。

刑事という仕事がら、さまざまな職種の方と話をする機会がありましたが、楽しそうに自分の意志でいろんな決断をして仕事をこなしている人に出会うと、警察の仕事にやりがいを感じ人間関係にも恵まれていた一方で、心がモヤモヤして「羨《うらや》ましい」という気持ちが湧いて、悲しくなることが度々あったのです。

これまでの私の経験から、**人生がうまくいかなくなる原因の多くは、「本当の自分の感情を抑えたり隠したりすることにある」と言っても過言ではありません。**

人はもともと自分の感情に素直ですが、成長する過程の中で、ときには感情を抑えたり、隠したりします。

それは人が社会に順応するために必要なことでもありますが、それがいつしか自分の本心を欺くことにつながり、自分を不幸にしてしまうこともあるのです。

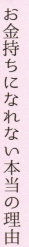

お金持ちになれない本当の理由

「本当の自分の感情を抑えたり隠したりすること」が、どのようにして「無意識に自分を欺くウソ」につながり、「自分を不幸にしてしまう」のかを、実際の例で説明しましょう。

私のクライアントのAさんは「ビジネスで成功して、お金持ちになりたい！」という願いを叶えるため、私の講座を受けにきてくださいました。

とても勉強熱心で努力家のAさん。これまでもいろんな講座を受講し、さまざまな勉強をしてきたとのことです。

笑顔もとてもステキで明るく、情熱たっぷりに自分のこれからのビジネスビジョンを語ってくださるのですが、彼女が話す内容や見た目の印象とは裏腹に、時折、不安と恐れの感情の色が見え隠れします。

違和感を覚えた私は、違う角度からの質問をいくつかしてみました。

そこから私が感じたのは、**Aさんは「ビジネスで成功して、お金持ちになりたい！」と言う一方で、自分がお金持ちになることに不安と恐れの感情を持っているということでした。**

そのことをAさんに伝えてみると、最初は怪訝《けげん》な顔をされていましたが、自分でも気づかれたのか、腑《ふ》に落ちた感じで自分と母親との関係を話してくださいました。

Aさんのお母さんには浪費癖があり、それがイヤで就職と同時に家を出たそうです。

その後、体調を崩して働くことができなくなったお母さんは生活保護を受けることになり、それ以降Aさんはお母さんとほとんど連絡をとらなくなりました。

ただ、関係を絶ったものの、やはり母親のことは気になります。

そんなとき、役所から一本の電話を受けます。

「お母さんに生活の援助はできませんか？」

その電話を受けて以来、自分の手元にお金が入れば入るほど、母親に援助しなければばいけなくなる、だったら「お金がない」「自分も困った状況になったほうがまだマシ」と思ったといいます。

このような思考を持っていたら、当然、次のような思考も生まれます。

「自分が成功してお金持ちになったら、そのお金は全部母親に使われてしまうのではないか」

「もしお客さまに自分の母親が生活保護を受けていることがバレたら、信用を失ってしまうのではないか」

つまり、これがAさんの抱えていた「不安と恐れの感情」の原因であり、本人も無意識にその感情に影響されていたのです。

「お金持ちになりたい！」という気持ちにウソはなく、Aさんはそのためにさまざまな努力を重ねてきました。

その努力が実を結びそうになると不安や恐怖の感情が湧き出てきて、いいところまで来ているのにやめてしまう。

そんなことを繰り返していたようです。

感情が起こす「アクセル」と「ブレーキ」の踏み間違い

実は、Ａさんのような例は決して少なくありません。

「お金持ちになりたいです！」と言いながら、「もしお金持ちになったら、大切な人間関係が壊れてしまうんじゃないか」とか、「お金持ちになったら狙われるんじゃないか」といった、「お金持ちになること」への恐れの感情を抱いている人もいます。

「幸せになりたいです！」と言いながら、家族に不幸な人がいて、「自分だけ幸せになることは許されない」といった、自分が幸せになることに罪悪感を抱いている人もいるのです。

こうした人たちはまず、自分の夢や目標に向かって計画を立て、そこに向けて「アクセル」を踏みます。

でも、その目的地が見えてくると恐れの感情が出てきて、無意識に「ブレーキ」を踏んでしまいます。

だから、なかなか目的地にたどり着くことができません。

中には「大事なところなので、もっとがんばります！」と言いながら、「アクセル」と「ブレーキ」を同時に踏んでしまって、それが原因で身体に不調が出たり、病気になったりしてしまう人もいます。

最近の車はとても便利になりました。

自動運転の技術が発達し、ハンドルを握らなくても運転できたり、アクセルを踏まなくても前の車との車間距離を守りながら走ってくれたりします。

急な飛び出しや障害物も検知してブレーキがかかるようになっています。

こうした自動運転を可能にしているのは、車線や前の車との車間距離、障害物を正確に認識するシステムが正常に作動しているからこそです。

もし、このシステムに何らかの異常が発生したら、それは大事故につながってしまいます。

それと同じことが人間にも言えるのです。

感情は自分に有益なものにはポジティブな反応を示し、自分に害を及ぼすようなものにはネガティブな反応を示します。

もし、このシステムに何らかの異常が発生してしまい、自分にとって有益なものと害を及ぼすものとを正しく認識できないと、どんなことが起こるでしょうか。

人生がうまくいかないだけではなく、取り返しのつかないようなことに発展する可能性だってあります。

不必要な感情は一つもない

私たちは〝感情〟からさまざまな影響を受けますが、そもそも、感情とは何でしょうか。

辞書で〝感情〟を調べると、こうあります。

「物事に感じて起こる気持ち。外界の刺激の感覚や概念によって引き起こされる、ある対象に対する態度や位置づけ。快・不快、好き・嫌い、恐怖、怒りなど」

動物にも〝感情〟があることは多く知られているところですが、近年ではさまざまな研究や実験結果から、植物にも〝感情〟はあると結論づけている研究者も増えているようです。

さらには同じ鮮度の2つの果物に対して、一定期間「ポジティブな感情を浴びせたもの」と「ネガティブな感情を浴びせたもの」とを比べてみたら、ネガティブな感情を浴びせた果物のほうが早く腐ったという結果が多く報告されています。

このことから、微生物や細菌にも感情があると言えるかもしれません。

感情は、生物が生きていくために必要な情報を伝達するときに起こる反応です。

生物の進化とともに、その脳も発達していきました。

魚類、両生類、爬虫類、鳥類、哺乳類と進化が進むにつれて大脳が発達していき、霊長類になると大脳新皮質がさらに大きくなり、私たちヒトでは新皮質が大脳全体の90％以上を占め、より高度な認知や行動ができるようになったのです。

脳の進化とともに、感情もより複雑になっていきました。

人間にとっての感情は、単なる危機回避や子孫繁栄といったことだけでなく、より高度な精神活動ができるように、より多くの感情を持ち合わせるようになったのでしょう。

ある研究者は自著の中で、「現代の日本のように安全が担保されて餓死するようなこともない世の中では、ネガティブな感情は必要ない」と述べていますが、私はそんなことはないと思っています。

今は職場環境がどんどん改善されていますが、警察はもともと男社会ですし、現場で対応する相手の多くは〝男性〟です。

女性には物理的にむずかしい仕事もあったし、刑事時代に「背が高い」という理由だけで男性に間違えられたときや、私を女性として見てもらえなかったときは「悲しみ」や「くやしさ」が込み上げました。

でも、今はそのマイナス感情のおかげで、肌の露出が多いワンショルダーの服を着て華やかな世界に身を置くひとつのキッカケになったし、自分の「楽しい」「面白い」「幸せ」を追求した生き方ができるようになりました。

同じものを見ても、一人ひとり感じることは違います。

「うれしい」や「楽しい」といった感情はもちろん、我を失いそうになる「怒り」や、できればしたくない「嫉妬心」、忘れてしまいたい「悲しみ」といった感情も、みんなが同じ状況でそれを感じるかといえば、決してそうではありません。

だからこそ、**感情は個性**なのです。

それがその人にとって必要だから感じるのです。

感情は大切なものに気づくためにある

あらゆる生物が生きていくためにその身体を進化させていったように、感情もその必要性に合わせて進化していきました。

そう考えると、いろんなことが見えてきます。

人間にとっての感情とは、危険を回避するためだけではなく、自分にとって何が必要で何が必要ではないのかといった、生きていくうえで大切なものに気づくためにあると思うのです。

「好きこそ物の上手なれ」といいますが、その〝好き〟という感情は、人によって変わります。

運動が好きな人はアスリートになって人々に感動を与えたり、身体を動かす仕事を選んで自分を活かそうとします。

運動が嫌いな人は芸術の分野で人々に感動を与えたり、ゲームやアニメの制作、プログラミングなど、頭脳労働の仕事を選んだりして自分を活かそうとします。

好きの数だけ得意があって、それが感動や仕事につながります。

嫌いの数だけ苦手があって、そこでまたそれを得意とする人が苦手な人の代わりになって仕事が生まれます。

この世の中は自分の得意なことで周りから感謝され、自分の不得意なことで周りに感謝するようになっていて、そうやってお互いに助け合い、また補い合って幸せや未来を紡ぎ出しているのです。

だから、気の進まないことやできないことで自分を責める必要はなく、単にする必要がないだけかもしれないし、誰かの力を借りるチャンスでもあると思います。

実際、私は計画を立てることや時間管理がものすごく苦手です。

「○時に出かける」と決めていても、やっている作業に集中すると時計も見ないので、気がつくとその時間が過ぎていたりすることがあります（笑）。

これまでは自分ひとりでなんとかしようとしていましたが、それを得意とする秘書に手伝ってもらうようにしたところ、仕事の効率が2倍以上にアップして、家族との時間も増やすことができました。

あなたができないことは、人に頼るチャンスだし、それができる人が輝くチャンスです。

人間はお互いに感謝し合って、愛を学ぶために生まれてきたのです。

感情を理解することは自分を知ることにつながり、同時に相手を知ることにもなります。

同じ感情を共有することで、人は強く結びつくことができます。

感情はその人の生まれてきた意味を教え、人生の進むべき方向を示す羅針盤の役割を果たしてくれるのです。

第2章

感情は分析できる

感情を分析すれば、収入アップに欠かせない2つのことがわかる

「どうしたら、もっと収入を増やせますか？」
「どうしたら、もっとビジネスがうまくいきますか？」
このような収入アップに関する質問は、私がクライアントさんから受けるものの中で最も多く、また多くの読者のみなさんも知りたいことではないでしょうか。

この質問に対する答えは、すでにあなたの中にあります。

つまり、**自分の感情を分析すれば、「どうしたら」は自ずと見えてくるのです。**

私がコンサルティングですることは、あくまでもそのお手伝いです。

収入アップに必要なのは、「**自分の感情を最大の武器にしていく**」ことですが、そのためには2つの重要なカギがあります。

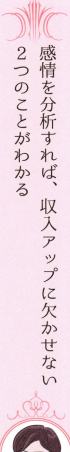

一つ目は「自分の武器の特性」を知ることです。

銃でたとえるなら、拳銃には「小さいから携帯しやすい」という特性があり、ライフル銃には「銃身が長いから携帯には不向きだけど、威力も精度も高い」、散弾銃だと「有効射程は短いけれど、広範囲の的《まと》を狙える」という特性があります。

武器は特性を活かすことでより効果を発揮するので、まずは自分の武器、つまり自分の感情がどんなことによってポジティブな反応をし、逆にどんなことによってネガティブな反応をするのかを知ることが大事なのです。

それがわかれば、自分の個性や性質がより深く理解できて、さらに自分の能力が発揮できることが見えてきます。

そして、**二つ目は「どんな的を射たいのか」ということです。**

多くの人は、このことをわかっているようで、実はあまりわかっていません。

漠然と「収入アップしたい」と思っているだけで、収入がアップすれば自分の願望が叶うと思っているようですが、そんなことはありません。

たとえば、「収入アップしたい」と思ってお給料のいい会社に入ったものの、忙しくて家族や恋人とすごす時間も取れず、体調を崩してしまったという人がいます。

また、収入アップのために色々な資格を取ろうとがんばったものの、取得した資格の数とそのための出費は増えても、収入アップにはつながらないという人もいます。

自分は何を望んでいて、どんな未来を手に入れたいのか。

そのためにお金はどれくらい必要なのか。

そのお金を得る手段にはどんなものがあって、自分はどれに向いているのか。

射る的が変われば、武器も変わります。

距離が長ければライフル銃、至近距離から確実に仕留めるなら散弾銃、といった感じです。

それと同じで、**自分が何を望んでいるかによって、武器の種類も、使い方も変わってくるのです。**

多くの人が収入アップしない原因はここにあります。

「どんな的を射たいのか」という、自分の本当の願望がわかっていないか、わかっていても「自分の武器の特性」を理解していないため、願望を叶えるために必要な自分の能力が発揮できていないのです。

自分の感情ときちんと向き合えば、「自分の武器の特性」も、「どんな的を射たいのか」も必ず見えてきます。

これら2つのことをちゃんと理解してうまく使えば、収入アップすることは間違いなしです。

感情を〝見える化〟する

ではどうすれば、より具体的に自分の感情を分析できるのでしょうか。

私たちの感情はとても曖昧です。

たとえば、「今朝、何時に起きましたか？」とか「昨晩、何を食べましたか？」といった出来事に関する記憶は容易に思い出すことができます。

でも、「昨晩、どんな感情を持っていましたか？」と聞かれたら、なかなか思い出すことができません。

感情そのものは捉えどころがなく、分析するための客観視が困難です。

私のように共感覚を持っていれば、感情が色で見えるので、容易に客観視することができます。

では、共感覚を持たない読者のみなさんはどうすればいいのかというと、**感情が実際に見えなくても〝見える化〟していけばいいのです。**

ここでは、その〝見える化〟するための非常に役立つ理論を紹介します。

アメリカの心理学者ロバート・プルチック（1927〜2006）は、円環モデルを使って感情の成り立ちを説明しています。

「**プルチックの感情の輪**」として知られているこの理論では、人間の基本感情を次のような8つに分類しています。「はじめに」でご紹介したドラマ『オクトー』でも、この理論や図は主人公が用いる〝道具〟として登場します。

①喜び（joy）　希望が叶ったときや自分を肯定されたときに感じる気持ち
②信頼（trust）　信じて頼ることができて安心する気持ち
③恐れ（fear）　自分に害をなす出来事を心配する気持ち
④驚き（surprise）　予期しない出来事を体験したときの瞬間的な気持ち
⑤悲しみ（sadness）　大切なものを失ったときに感じる切ない気持ち
⑥嫌悪（disgust）　何かを憎しみ嫌い、不快に感じる気持ち
⑦怒り（anger）　否定されたり傷つけられたりしたときに感じる不愉快な気持ち
⑧期待（anticipation）　物事が自分の思い通りになることを望む気持ち

これら「8つの基本感情」を円で表現すると、図1のようになります。

この円が示す感情の並びにも意味があり、近いものは似ていて移行しやすい感情で、対極にあるのは相対関係にあり移行しにくい感情です。

たとえば、隣同士の感情で見れば、【⑧期待】が【①喜び】に変わることはよくありますし、【⑧期待】が裏切られて、【⑦怒り】に変わることもよくあります。

これを対極の感情で見れば、【①喜び】の感情があるときに【⑤悲しみ】の感情は表れにくく、【⑥嫌悪】の感情が湧い

図1 8つの基本感情

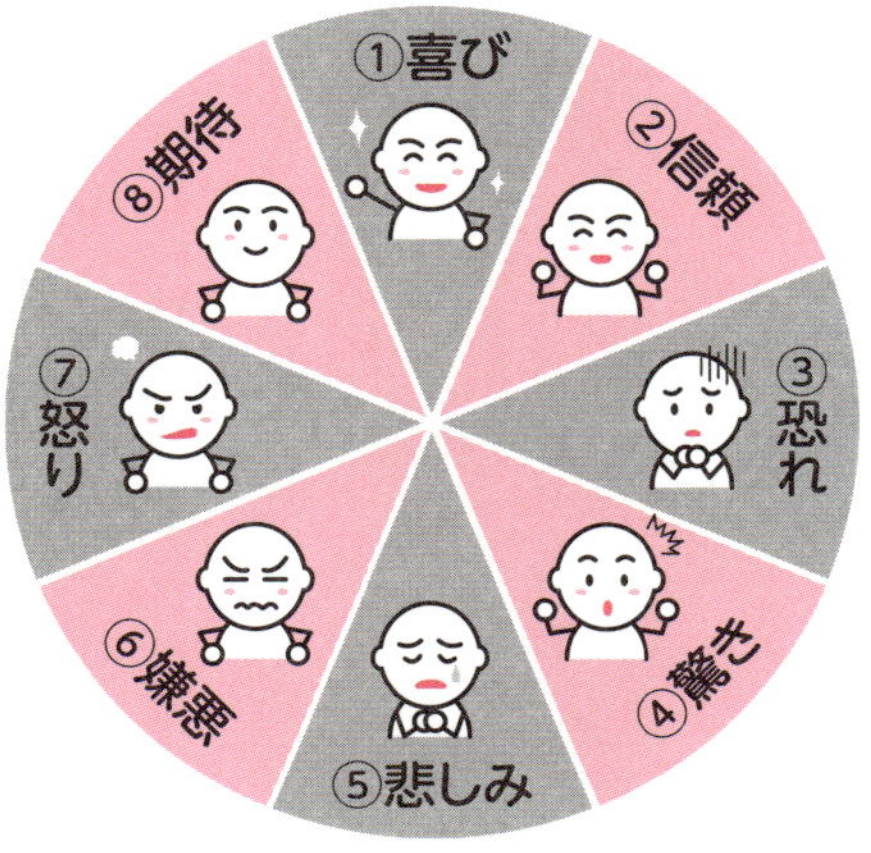

ている相手に【②信頼】の感情は湧きません。
図１を見ていくと、それぞれの感情の相対的な関係がよくわかります。

感情を強弱で見極める

「８つの基本感情」にはそれぞれ強弱があります。

強い		弱い
恍惚（ecstasy）	①喜び	平穏（serenity）
敬愛（adoration）	②信頼	容認（acceptance）
恐怖（terror）	③恐れ	不安（apprehension）
驚嘆（amazement）	④驚き	放心（distraction）

悲嘆（grief）	⑤悲しみ	哀愁（pensiveness）
強い嫌悪（loathing）	⑥嫌悪	うんざり（boredom）
激怒（rage）	⑦怒り	苛立ち（annoyance）
警戒（vigilance）	⑧期待	関心（interest）

これらの感情を円環モデルで表したのが、図2です。

言葉で【①喜び】を表すと、より強い喜びが「恍惚」で、弱い喜びが「平穏」となるのでしょうが、実際には「喜び」と「恍惚」の中間の感情もありますし、「平穏」寄りの「喜び」もあります。

円環モデルは図形に加えて色のグラデーションで表現することで、微妙な感情の相対的な位置がわかるようになっているのです。

図2　8つの基本的感情の円環モデル

感情は混ざり合って新たな感情を生む

「プルチックの感情の輪」が優れている点は、基本感情（一次感情）が組み合わさって生まれる〝混合感情（二次感情）〟も表現できるところです。

それぞれ、隣同士の感情から生まれたものを表したのが図3です。

さらには一つ飛ばした隣の感情が合わさって生まれた感情を表したのが図4で、二つ飛ばした隣の感情が合わさって生まれた感情を表したのが図5です。

このように、**「プルチックの感情の輪」では、全部で48通りの感情を相対的な関係で表現し、理解することができるのです。**

この理論は英語で解説されているため、日本語に訳したときにニュアンスが少し変わってしまうところがあるかもしれません。

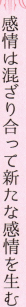

図3 「プルチックの感情の輪」組み合わせの二次感情

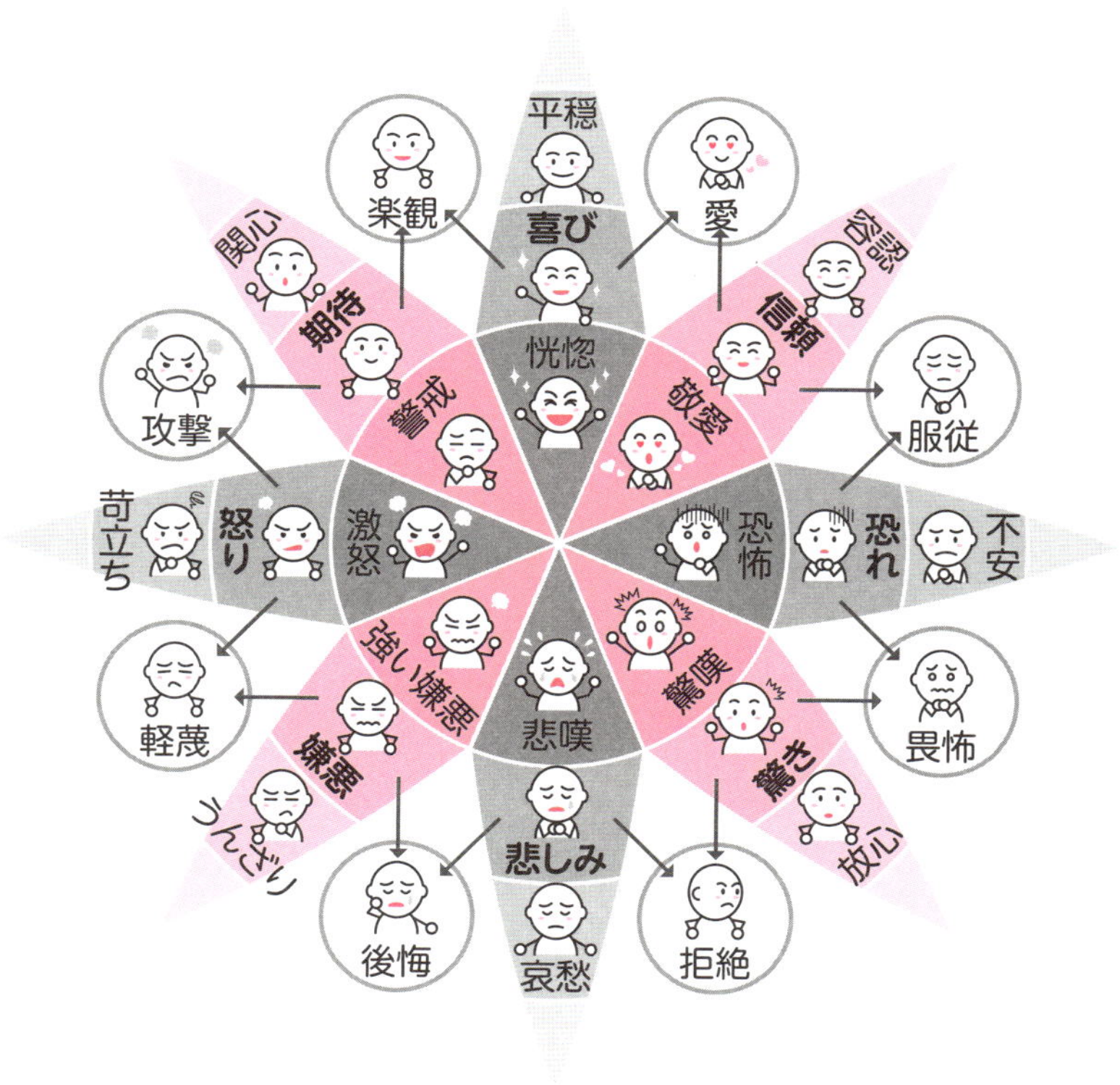

図4「プルチックの感情の輪」一個飛ばしの混合感情

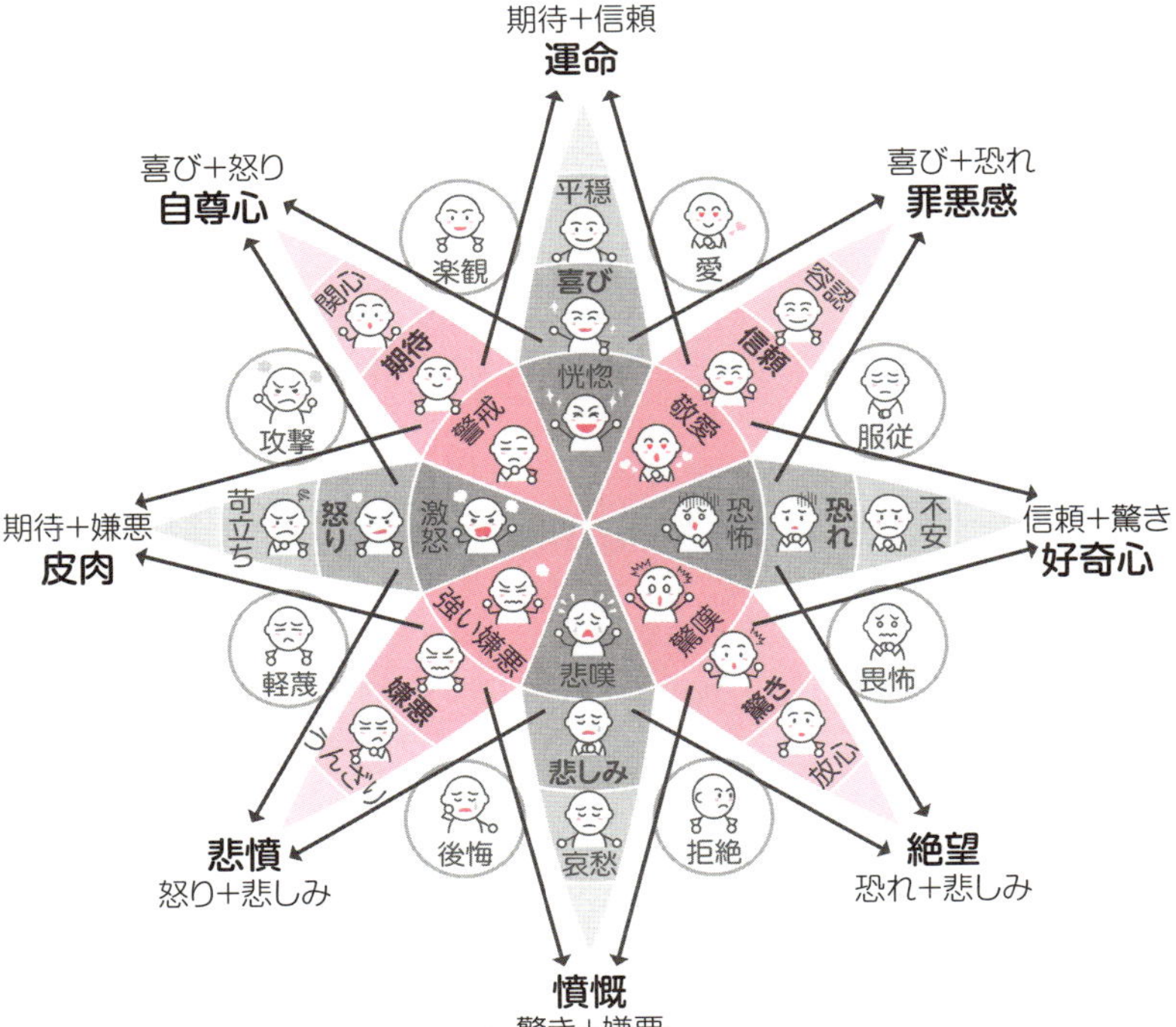

図5「プルチックの感情の輪」二個飛ばしの混合感情

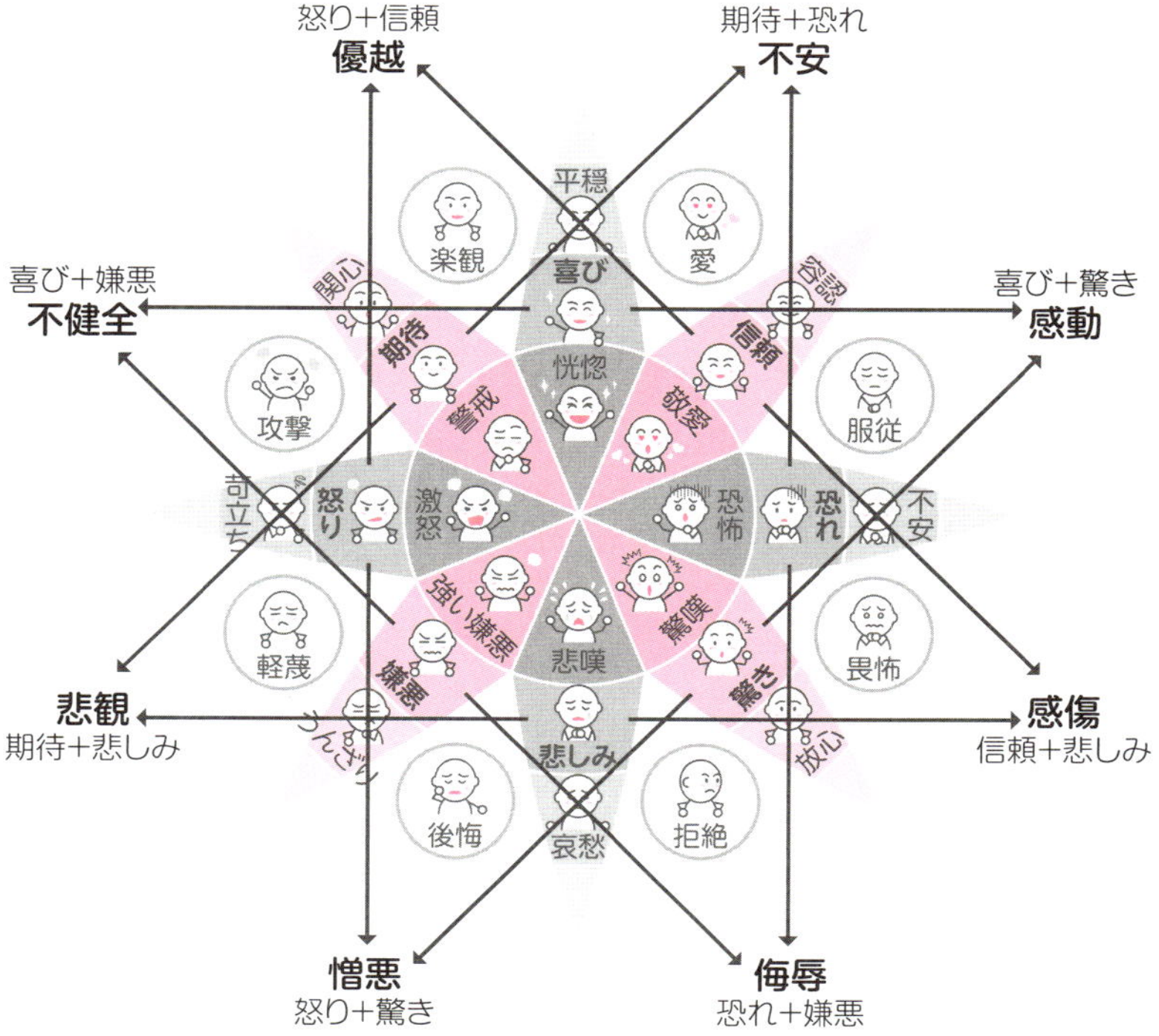

また、あなたが抱いた感情がこの図では必ずしも表現できないこともあると思います。

たとえば、私にもこんな経験があります。

警察官時代に何度か皇族の方の警護を担当したことがありました。

そのときに私が持った感情を言葉で表すと〝畏敬の念〟になりますが、その〈畏敬〉という感情は〈恐れ〉と〈驚き〉が合わさっただけではなく、〈感謝〉や〈緊張〉の感情も混ざり合った複雑なものだったことを、今でも覚えています。

いずれにせよ、曖昧で複雑な感情を〝見える化〟し、分析するためのツールとして「プルチックの感情の輪」が効果的なことには変わりありません。

感情を変えれば、現実はすぐ変わる

大切なのは、とにかく自分の感情に気づくことです。

「プルチックの感情の輪」が示すとおり、それぞれの感情は複雑に影響しあいながら新たな感情を生みます。

したがって、まずは一番〝もと〟になる感情を見つけ出し、その感情がどんな感情と隣接していて、その隣接した感情との関わりがわかれば、いくらでも対応策が見えてくるのです。

実際の活用例を私の体験に即して説明したいと思います。

警察官時代の話です。

警察組織はだいたい3年ごとに異動があるのですが、私は所轄署勤務を経て警察本部への異動が決まりました。

ノンキャリア組の私にとって、それは異例とも言える異動です。

異動先の部署の上司は、優しくて面倒見がいいと評判の方でした。

でも、実際にその部署での勤務が始まると、私はその上司から毎日怒られ、怒鳴られ、イヤな仕事を任されて、地獄のような日々が続いたのです。

あまりの理不尽さに怒りが抑えられず、「雑巾で絞った水でお茶をいれてやろうか‼」と思ったくらいです（苦笑）。

そこで私は「プルチックの感情の輪」を使って、自分の感情を分析してみました。

まず、私の感情の中心にあるのは〈恐れ〉でした。

異例の昇進ともいえる警察本部への異動に対して、【①喜び】の感情よりも「もし、仕事ができず、無能と思われたらどうしよう」という【③恐れ】の感情を強く持っていたのです。

さらには【①喜び】と【③恐れ】から混合感情である〈罪悪感〉が生まれ、その罪悪感がバレないように必死で隠していました。

そして、上司に対しては周りの評判からの【⑧期待】と実際には違うことから【⑦怒り】が混合感情である〈攻撃〉に変化し、それが上司に伝わっていたのだと思います。

そこで、私は自分の感情の中心にある【③恐れ】を隣接する【②信頼】に変えてみるようにしました。

具体的には「仕事ができない自分がバレたらどうしよう」と【③恐れる】のではな

この度はご購読ありがとうございます。アンケートにご協力ください。

本のタイトル

●ご購入のきっかけは何ですか?(○をお付けください。複数回答可)

1 タイトル　2 著者　3 内容・テーマ　4 帯のコピー
5 デザイン　6 人の勧め　7 インターネット
8 新聞・雑誌の広告（紙・誌名　）
9 新聞・雑誌の書評や記事（紙・誌名　）
10 その他(　)

●本書を購入した書店をお教えください。

書店名／　（所在地　）

●本書のご感想やご意見をお聞かせください。

●最近面白かった本、あるいは座右の一冊があればお教えください。

●今後お読みになりたいテーマや著者など、自由にお書きください。

どうもありがとうございました。

郵便はがき

おそれいりますが
切手を
お貼りください。

1028641

東京都千代田区平河町2-16-1
平河町森タワー13階

プレジデント社

書籍編集部 行

フリガナ		生年（西暦） 年	
氏名		男・女	歳
住所	〒 TEL （ ）		
メールアドレス			
職業または学校名			

ご記入いただいた個人情報につきましては、アンケート集計、事務連絡や弊社サービスに関するお知らせに利用させていただきます。法令に基づく場合を除き、ご本人の同意を得ることなく他に利用または提供することはありません。個人情報の開示・訂正・削除等についてはお客様相談窓口までお問い合わせください。以上にご同意の上、ご送付ください。

＜お客様相談窓口＞経営企画本部 TEL03-3237-3731

株式会社プレジデント社　個人情報保護管理者　経営企画本部長

く、上司を【②信頼】して「未熟な私にどうか仕事を教えてください」という態度に変えたのです。

すると、現実はあっという間に一変しました。

上司は優しくなり、毎晩のように飲みに連れていってくれたり、休日にはご自宅に招待してくれたりと、とにかく同じ人とは思えないくらい、私に対する態度が変わってしまったのです。

感情と「鏡の法則」

人間関係でも、お金のことでも、「現状を変えたい」と思うのなら、今の自分の感情を変えるのが一番です。

多くの人は相手を、そして周りの人の態度や行動を変えようとして、変えることができずに苦しんでしまいます。

なぜそうなるかというと、**人間関係の悩みやお金に関する悩みというのは、自分の感情が投影された結果であることが多いのです。**

投影された先にあるものを変えようとしても、なかなかうまくいきません。

なぜなら、それは鏡に映った自分の顔についているゴミを見て、自分の顔ではなく、鏡の中に映っているゴミを取ろうとしているのと一緒だからです。

鏡を見て、自分の顔にゴミがついていることに気づいたら、自分の顔からゴミを取ればスッキリします。

感情も同じで、相手を変えようとするのではなく、自分の感情を変えてしまったほうが絶対にうまくいきます。

相手を変えようとすると相手も苦しいし、自分も苦しくなるだけです。

誰かに対してネガティブな感情を持ったときは「これは鏡の法則で、自分の持っているイヤな部分が投影されているのかもしれない」と考えてみてください。

ネガティブな感情は相手を攻撃するために使うのではなく、自分の幸せに使うのです。

いろんな人との出会いや、あなたに起こるさまざまな出来事。

そして、そこで得られた感情。

ポジティブに感じるものもあれば、ネガティブに感じるものもあるでしょう。

それらはすべて必然であって、すべてはあなたが今よりもっと豊かに、幸せになるために起こるのです。

そのために大事なのが、とにかく**気づく**ことです。

本章でご紹介した「プルチックの感情の輪」をうまく活用すれば、隠れた感情やその対処方法にも気づくことができます。

第3章

二十歳を過ぎたら自分の感情に責任を持ちなさい

自分の機嫌は自分でとる

自分の感情を分析していけば、今まで見えていなかった自分、見ようとしていなかった自分が見えてきて、新たな発見がたくさんあると思います。

そうした発見を活かし、それを自分の幸せや成功につなげていくために、とても大事なことがあります。

それは、**「常に自分の感情をポジティブな状態にする」**ということです。

私が本書で一番伝えたいことはこれです。

これさえできれば、この先は読まなくてもいいというぐらい、重要なことです。

「常に自分の感情をポジティブな状態にする」というのは、「ネガティブな感情を感じるな」とか、「ネガティブな感情を遮断しろ」ということではありません。

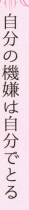

ネガティブな感情が湧いてきたら、それを分析して「どうすればポジティブな感情に転化できるか」を考えて実行し、どんなことが起こっても自分の感情をポジティブな状態に保つようにするということです。

累計納税額日本一で有名な斎藤一人さんはこう言います。

「自分の機嫌は自分でとるんだよ」

まさに、こういうことです。

周りの人に機嫌をとらせたり、相手の機嫌をとったりすることもなく、ただひたすら自分の機嫌は自分でとる。

「常に自分の感情をポジティブな状態にする」とはこういうことなのです。

周りの人たちの感情に左右されることなく、世の中の出来事にも悪影響されず、自分にどんなことが起こっても、自分の感情を自分でポジティブにしていくのです。

刑事だったとき、自分の父親以上に歳の離れた上司と組んだことがありました。

その上司はいつも「俺は祝日の夜勤が好きじゃないけど、自分の娘ほど年が離れたお前と、今日は何を話そうか……そう考えると楽しみになるんだよなー」とよく言ってくれました。

「嫌だな」と思うことに対して、そのまま「不機嫌」にもなれるけど、考え方を変えて「ご機嫌」を選択することもできます。

子どもの頃は泣いたり、怒ったり、拗《す》ねたりとネガティブな感情を出せば、それを見た親や周りの大人が「どうしたの？」とかまってくれたり、機嫌をとったりしてくれて、ポジティブな感情になれたのかもしれません。

でも、**二十歳を過ぎたら自分の感情は自分で責任をもってポジティブにしないとダメなのです。**

「自分がどんな感情でいようと、自分の勝手じゃないか」と思う人がいるかもしれませんが、感情は自分だけではなく、周りの人にも影響を与えます。

感情は感染《うつ》るんです!?

私にはメンターがいます。

警察を辞めてすぐに起業した、ビジネス経験ゼロの私がすぐに成功できたのは、間違いなく、このメンターのおかげです。

初めてお会いしてから5年以上が経過しましたが、今も機会をつくっては、会いに行っています。

周りからは「すでにたくさんお金を稼いで、仕事もずっと順調なんだから、もうメンターに会いに行って教わることはないんじゃないの?」と言われます。

たしかに、ビジネスに関して教わることは少なくなりました。

でも、私はメンターに何かを〝教わり〟に行くというよりも、〝メンターの感情に影響されに〟行っているのです。

「どんなノウハウでお金を稼いでいるのか」よりも、**「どんな感情でお金を稼いでいるのか」のほうがはるかに現実的で効果的だと私は思っています。**

もちろん、ノウハウは大事です。

でも、どれだけいいノウハウであっても、そこに感情が伴わなければ、いい結果は得られません。

感情は間違いなく感染ります。

そして、感染った相手に影響を与え、行動を起こさせます。

これはポジティブな感情だけではなく、ネガティブな感情にも言えることです。

刑事だった頃、夫婦ゲンカの通報を受けて現場へ行くことが多々ありました。

ケンカの原因は浮気やお金などさまざまですが、ケンカにまでエスカレートするきっかけになるのは、たいていの場合、〝不機嫌〟です。

不機嫌が相手に感染って過去の出来事を蒸し返し、それがケンカやもめごとに発展してしまうのです。

だから、**自分がどんな感情でいるかも重要ですが、自分の周りにいる人たちがどんな感情で接していて、その感情に自分がどんな影響を受けているかにも、常に気をつけたほうがいいでしょう。**

感情が事件を呼ぶ!?

感情は人に感染ると同時に、同じ感情を引き寄せる力があります。

そのことを実感したのは、刑事だったとき、こんなことを経験したからです。

私が勤務していた署に、一緒に夜勤するのをみんなから嫌がられる上司がいました。

なぜ嫌がられていたかというと、その上司が夜勤に就く日は、なぜか事件が多く発生するからです。

それは感覚的なものではなく、110番通報の数で見ても明らかで、その上司はみんなから一緒に夜勤に就くのを嫌がられていました。

普段から神様や精神世界の話を一切しない同僚たちも、その上司に対しては真剣にお祓《はら》いに行くのを勧めていたぐらいです。

その上司はすごく人当たりがよくて優しいのですが、考え方がちょっとネガティブで、暗い顔でため息をついていることが多く、いつも不平や不満を漏《も》らしていました。

「類は友を呼ぶ」

「泣きっ面に蜂」

「弱り目に祟り目」

「一難去ってまた一難」

「傷口に塩を塗る」

「雪上加霜《せつじょうかそう》」

このように、悪いことに悪いことが重なることを意味する言葉やことわざは昔からたくさんあります。

このことからも、普段から自分が〝どんな感情で過ごしているか〟が大事であることがわかりますね。

感情は奪われる!?

人から何かを奪う行為は犯罪です。

その中でも一番罪が重いのは、人の命を奪う行為です。

では、「命の次に大事なものを奪う行為は、殺人の次に罪が重いか」というと、そうではありません。

理由は、その行為との因果関係が証明しにくいことが原因なのですが、その行為は人の命を奪うに等しいことだと私は思っています。

その行為とは、〝**人の感情を奪う**〟ことです。

先日、テレビでロシアに連れ去られたウクライナ人の少年が解放されたことを取り上げている報道番組を観ました。

その少年はロシア兵に捕まり、同じぐらいの年頃の少年たちが収容されている施設に連れて行かれ、そこの掃除や雑用を命じられたそうです。

その中には拷問に使われた部屋の掃除もあり、そこには顔かどうかも判別がつかないくらいに顔面が腫《は》れ上がったり、血まみれの少年が吊るされていて、とても凄惨な場面に出くわすことも少なくありません。

その少年は掃除や雑務を命じられただけで拷問を受けることもなく、90日後に解放され、ウクライナの親元に帰ることができました。

ロシア側から解放場所に指定されたところに、少年の父親と関係者が待っています。

そこへロシア軍の車が到着し、中から少年が降りてきました。

父親は一目散に少年のもとに駆け寄り、力一杯抱きしめます。

父親は喜びや安堵、さまざまな感情が入り混じった表情で、声を上げて泣いていました。

でも少年は、大好きな父親に抱きしめられながらも、何の感情も湧いてこなかったそうです。

おそらく少年は、収容所で長期間、さまざまな不安や恐怖にさらされたため、自己防衛本能が働いて、すべての感情を閉ざしてしまったのでしょう。

少年は命を奪われることもなく、身体的な暴力を受けることもなく親元に帰ることができましたが、感情は奪われたままでした。

家に戻ってからは不安や恐怖に怯《おび》えなくてもいい代わりに、大切な家族とすごしていても、大好きな友達と遊んでいても、どんな感情も湧いてこないのです。

〝心の花粉症〟にかかっていませんか？

私たちは免疫力や自律神経といった、自分の心と身体を守るための〝自己防衛システム〟を持っています。

感情も自分の心と身体を守るために大きな役割を担っているのです。

このシステムがあるおかげで私たちの心と身体の健康は保たれているわけですが、処理しきれないような過度のストレスがかかると、システム障害が起こり、うまく機能しなくなってしまいます。

戦争や災害などを経験したときに受ける心的外傷後ストレス障害（ＰＴＳＤ）もその一つです。

戦争や災害といった大きなストレスの影響は自覚しやすく、自分の自己防衛システムの異常にも気づきやすいですが、弱いストレスを長期間受け続けることによって起こる自己防衛システムの障害は、自分ではなかなか気づくことができません。

たとえば、今や国民病とも言われている花粉症ですが、その発症のメカニズムは、体内に入ってきた花粉を身体に害をなす異物と間違って判断して起こる、免疫システムの異常反応です。

これと似たようなことが〝心〟でも起きます。

長期間、人からネガティブな感情をぶつけられたり、ネガティブな感情が湧く出来事が続いたりするような環境にいると、ネガティブな感情でいることが常態化して、自己防衛システムが正しく機能しなくなります。

これはいわば、〝心の花粉症〟とも言える状態で、些細なことやそうでないことに対して「自分を攻撃された」と心が誤認識し、自分を守るためにより強いネガティブ感情を発してしまうのです。

事件を伝えるニュースを見ていると、動機について「カッとなってやってしまった」などと報道されることが多いように感じます。

でも実際は、短気が原因で事件に発展することはそんなに多くありません。

これまで私が刑事として取調べをした事件を振り返ると、その多くは〝**恐れ**〟が原因で犯罪に至っています。

そして、**注目すべき点は、犯罪に至るまでにいくつもの小さな不安や不満、悲しみなどのマイナス感情があった**ということです。

《怒った、恐れがあった！　だから犯罪に至った！》というわけではなく、その前に小さなマイナス感情が積み重なったことで、怒りや恐れが大きくなり、自分で制御できなくなってしまったことが原因なのです。

すぐにカッとなり相手を攻撃してしまう、何かあるとすぐに落ち込んでしまう、イライラすることが多い、やる気が湧かない、「どうせ自分なんて……」と思ってしまう、相手を信じられない、いつも孤独を感じる……。

こうした、心がネガティブな感情にいつも支配されているような状態なら、〝心の花粉症〟にかかっている可能性があります。

感情は選べる

ネガティブな感情が常態化していると、心も身体も常に臨戦体制と言ったらいいのでしょうか。緊張が続き、休まることがありません。

身体の不調が心に表れ、心の不調が身体に表れて、相互に悪影響を及ぼしあうような状態になります。

これでは自分の実力を発揮できないだけではなく、幸せや成功の羅針盤の役割を果たしてくれる感情も正しく機能せず、すべてが悪い方向に流れていってしまいます。

こうした状態にならないためにも、私たちは自分の心を常にポジティブな感情で満たしておく必要があるのです。

自分の感情を完全にコントロールすることは不可能ですし、感じたことを我慢したり否定したりすると、かえって未消化のネガティブな感情が溜まってしまいます。

では、どうすればネガティブな感情が常態化することなく、常に自分の心をポジティブな感情で満たすことができるのでしょか。

詳しくは次章以降で解説していきますが、**まずやるべきことは、自分の感情を〝責任を持って選ぶ〟ことです。**

実は、私は自分がちょっと変わった子どもだったように思います。というのも、起こった出来事に対して「感情を選ぶ」という実験を一人でよくやっていました。

今でも覚えているのは、母親に叱られ、自分の部屋に駆け込んで大泣きしていたときのことです。

ふと目の前にあった鏡に向かって、「叱られて悲しい状況でも人は笑うことができるのか?」と笑顔をつくってみたり、「面白かったことを思い出したら、本気で笑えるのか?」と笑ってみたりと、感情と行動を分けて、感じたい感情を選ぶという実験を一人でよくやっていました。

「受ける感情」を選ぶことができないことがあったとしても、「どんな感情でいたいか」を選ぶことはできます。

たとえば、ある人に「バカヤロウ!」と言われたとします。

自分に非があり、謝って改めることで自分も相手もよくなることなら、そうすればいいでしょう。

でも、それが理不尽なことならどうでしょうか。

このことに怒りや悲しみの感情が湧いたとしても、それは自分が〝感じたこと〟なので、そのことを否定する必要はありません。

大切なのは、その後で自分がどんな感情を選択するかです。

怒りにまかせて相手を罵《ののし》ることもできるし、殴りかかることだってできます。

悲しみを受け入れて、泣くこともできます。

「私はバカじゃないし、そもそも、この人に私の何がわかるんだ?」と、無視することもできます。

さらには「この人もネガティブな感情が常態化しているんだろうなぁ。可哀想に」とか、「何か、よほどイヤなことがあったんだろう」と相手を哀れむこともできます。

感情はいつも自己責任

信じがたい話かもしれませんが、お腹に第二子が宿ったとき、私はその子から「ママの恐れの感情は、ママ自身がつくり出したものだよ！」というメッセージを受け取ったことがあります。

「赤ちゃんとの胎話」は多くの人が経験していることではありますが、もしかしたら単に私の経験から起きた〝ひらめき〟のようなものかもしれませんし、妊娠すると匂いに敏感になるなど、まだまだ科学では証明できないこともあるので、私にもよくわかりません。

恐れていたことに対して、「恐れない選択もできるんだ……」。

そう気づいた瞬間、実際私の中にあった心臓に冷や汗をかくような、ザワザワする恐れの感情は、まるで温泉に浸かったような温かな安心へと変わったのです。

感じたことに対して、自分がどんな感情でいたいかは選べるので、その結果は常に自己責任です。

「私の心を傷つけたあいつが悪い」と相手の責任にし、自分は被害者でいるという選択もあります。

でも、被害者でいる限り、傷つけられたときのネガティブな感情が消えることはありません。

もちろん、「受けた被害を泣き寝入りしなさい」ということではなく、場合によっては相手に責任を取らせることも必要でしょう。

ただ、自分は被害者であり続け、相手を恨み、ネガティブな感情を持ち続ければ、その悪影響を一番受けるのは相手ではなく、自分なのです。

自分に湧き上がったネガティブな感情を「友達のせい」「親のせい」「上司のせい」「会社のせい」「世間のせい」「国のせい」と、誰かの責任にしている限り、あなたはその誰かに自分の運命を握られていることになります。

そうではなく、起こったことに対して自己責任で感情を選べれば、自分の運命も選ぶことができます。

感情はあなただけの大切なものです。

誰かにどうこうされたくないし、されてはいけないのです。

どんな感情を選ぶかで、どんな人生を送りたいかが決まります。

それを誰かに決めさせてはいけません。

選ぶのは常に自分です。

「自分の感情に責任を持つ」ということは、「人生の主導権を自分で握る」ということなのです。

第4章

自分と他人との関係が最強になる〝愛〟の使い方

コミュニケーションの達人になる方法

ポジティブな感情の中で最も強く影響力があるものとはなんでしょうか。

それは〝愛〟です。

自分の中にある〝愛〟という感情をうまく使いこなせれば、自分自身との関係がよくなり、他人との関係もよくなり、常に自分の感情をポジティブな状態にすることができます。

私は刑事だった頃、先輩たちから「コミュニケーション・モンスター」、略して「コミュモン」と呼ばれていました。当時、テレビアニメの『デジモン』が流行っていたので、その影響もあって、そんな呼び方になったのだと思います。

では、なぜそう呼ばれるようになったのかというと、みんなから恐れられている怖い上司に対して、すんなりと要望を通したり、なかなか話そうとしなかった犯人があっさりと自供したりと、先輩たちが苦手な対人関係を簡単に解決してしまったからだそうです。

そのおかげか、毎日のように警察署にやって来るクレーマーの対応や、気難しそうな人に対する聞き込み調査などがあると、大体私のところにまわってきていました。

今でもその能力は健在で、ビジネス経験がまったくない状態から起業してすぐに成功できたのもそのおかげですし、周りの人たちからも「フーミンって、人から嫌われることがないでしょ」と言われたりします。

こんな私ですが、もちろん、最初から人とのコミュニケーションが得意だったわけではありません。

中学生のときに女友達から集団無視されたこともありました。

刑事になりたての頃も、上司から意味もなく怒鳴られたり、理不尽な扱いをされたりして悩むことが度々あったぐらいです。

そんな私がなぜ、「コミュモン」と呼ばれるぐらいコミュニケーションの達人になれたのかというと、それはやはり、自分の中にある〝愛〟という感情の使い方に気づくことができたからだと思います。

簡単に好感度を上げる方法

〝愛〟という感情は人間の本質的なものです。

みんな誰かを愛したいし、愛されたいと思っています。

〝愛〟にはさまざまな表現方法があり、また活用法がありますが、人とのコミュニケーションをよくするための〝とっておきの技〟として使うなら、「**目の前の人を大好きになる**」ことです。

その方法はというと、目の前の人に対して「私はあなたのことが大好きです」と心

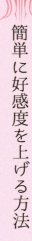

の中で思い、さらにそれが伝わるような表情やしぐさなどを使いながら接します。

イメージでいえば、アイドルグループのサイン会で、自分の推しメンバーに対して「大好きです」とか「大ファンです」と言うなどの直接的なメッセージもいいですが、表情やさりげない言葉で自分の好意を伝える。そんな感じです。

言葉で好意を伝えるのも、もちろんＯＫです。

同性の場合は「そんな、◯◯さんが大好きです！」とストレートに伝えても大丈夫ですが、異性の場合は恋愛感情と勘違いされる可能性があるので、そうならないように多少、言葉を選んだほうがいいかもしれませんね。

ただ、それほど難しく考える必要はありません。

目の前の人に対して「私はこの人が大好きだ」って思っていたら、自然と「あなたが大好きオーラ」が出て、その気持ちは必ず相手に伝わります。

人は、自分に好意を持ってくれている相手に好印象を抱くものです。

好意を持たれてイヤな気分になる人はいませんし、それどころか好意を持ってくれている相手にはできるだけ優しく接しようとし、相手の期待に応えようとします。

相手の欠点や自分との違いに目がいくこともありますが、それは痛い目に遭わないための自己防衛反応の表れです。

でも、痛い目に遭わないことよりも、目の前の人のよい部分、素敵な部分に目を向けるほうが、はるかに自分にプラスになることが多いです。

たったこれだけのことで、あなたの好感度はみるみる上がること、間違いなしです！

他人の愛に触れると、自分の愛の感情が目覚める

「目の前の人を大好きになる」のは簡単で効果抜群な方法であることは間違いないのですが、中には「難しい……」と感じる方もいるかもしれません。

「初めて会った人や信頼関係も築けていない人のことをいきなり大好きになんかなれない」とか「好きでもない人のことを大好きと思えなんて、ムリ！」という人もい

るでしょう。

実は、私もずっとそう思っていました。

でも、ある経験がキッカケで、そんな私の考え方は大きく変わったのです。

その経験とは、オーストラリアへの留学です。

滞在先のアパートを契約更新することができず、新しいところを探していたのですが、なかなか見つからず、困り果てていました。

「いよいよ、海外で路上生活しなければいけなくなる!?」

そう思っていた矢先、偶然、街で知っている日本人に会いました。

その方は留学初日の空港で入国手続きを待つ間のほんの2、3分会話しただけの人です。

その方は私が家探しで困っていることを知ると、知り合いに連絡して、アパートを紹介してくれたのです。

素性もよく知らない私に対して、こんなに信頼してもらえたことに驚きと感動を覚えました。

また、こんな経験もあります。

3日間だけ現地の若い夫婦の家に泊まらせてもらったとき、別れ際にめちゃくちゃ泣かれ、「お昼に食べてね」といただいたお弁当を食べていたら、底のほうから手紙が出てきて、そこには出会えたことの感謝や私への気持ちが書かれていました。

たった3日間のことなのに、何年も一緒にいた友人のように、別れを惜しんでくれたのです。

ツアーガイドをしているときに、参加者の方からご自身の障がいのことを打ち明けられたりもしました。

他にも数えたらキリがないくらい、たくさんの経験をしました。

これらの体験から、私は「**人間って、自分が思っているほど悪くないかもしれないし、怖くないかもしれない**」と思えるようになりました。

それからは、初めて出会った人でもまるで遠い親戚のような気持ちで「大切な人」

という目で見ています。

「他人を愛せない」という人も、その人に愛がないのではなく、ただ愛が出にくくなっているだけなのです。

そんな人も他人の愛に触れれば、必ず自分の中の愛の感情が目覚めて、愛が発揮できるようになりますよ。

「この人にも事情があるんだ」と捉える

「目の前の人を大好きになる」といっても、どうしても好きになれない人や許せない人に対してどうすればいいのか。

罪を犯した人を大好きになれといっても無理な話ですし、「許せない！」という怒りや憎しみの感情を無理に抑えるのは得策ではありません。

ではどうすればいいのかというと、**「きっとこの人にも、何か事情があるんだ」**と捉えればいいのです。

私も刑事になりたての頃は、どうしても好きになれない人がいました。

留学時の体験から、初対面の人に対しては好意的に思えるようになりましたが、身近な人で、関係が近い人ほど、その人のイヤな面が見えてきて、好きになることができなくなりました。

特にある上司から理不尽なことで怒られたときはものすごく腹が立ったし、その後もその上司との関係に悩みました。

でも、ある経験を重ねることで、私の人に対する考え方が大きく変わったのです。

その経験とは、容疑者に対する取り調べでした。

容疑者の中には自分勝手で他人に対する思いやりのかけらもないような人や、冷酷で人を傷つけたり、欺いたりすることに罪の意識をまったく感じてないような人もいました。

でも、そんな人たちと会話していると、さまざまな恐れが見えてきて、そこから犯罪に手を染めた動機がわかります。

ある容疑者は幼少時に親から受けたネグレクト（育児放棄）が原因で、飢えに対する恐怖から、盗みを繰り返していました。

また、ある容疑者は「たった一人の肉親を失うかもしれない」という恐怖心から犯罪に手を染め、そこから抜けることができなくなっていました。

私は決して、犯罪者を擁護したいわけではありません。

どんな事情があるにせよ、罪を犯していい理由にはならない。

そう思っています。

ただ、なんというか、私が多くの容疑者と向き合った結果、こう感じたのです。

「人って、弱いんだなぁ……」

育った環境や出会った人間関係、さらには偶然に起こった出来事でも人の人生は大きく左右されます。

どんな人の心にも愛があって、みんな誰かから愛されたいし、誰かを愛したい。

口では自分のことを「わかってもらわなくてもいい！」と言いながら、心の奥底では「誰かにわかってもらいたい」「誰かのことをわかってあげたい」という感情があるのです。

「犯罪者さえも愛しなさい」なんて、そんなことは言いません。

でも、今世で何かのご縁があって出会った目の前の人に対して、そこになんらかの価値や意味を見出せたらステキなことだと思うのです。

あなたに対して酷いことをした人も、意地悪をした人も、裏切った人も、必ずその人なりの事情があったはずです。

そう思って接すれば、少しは自分の感情が和らぐのではないでしょうか。

愛の使い方、勘違いしていませんか？

〝愛〟という感情をうまく使えば、人間関係は必ずよくなります。

でも中には、「愛を使っているのに、うまくいきません……」という人がいるのもたしかです。

私のクライアントさんからも、こんな悩みを度々聞きます。

「愛する家族に対してこんなにしてあげているのに、感謝してもらえない」

「どのお客さまにも愛情深く接してがんばっているのに、仕事の結果が出ない」

愛を使って接しているのにうまくいかない人には、ある〝共通点〟があります。

それは、**愛を使う〝順番〟を勘違いしているのです。**

愛はまず、自分に使わないとうまくいきません。

自分を愛して、その次に相手を愛する。そうしないと愛はうまく発揮できないのです。

これは愛に限らず、どの感情でもそうですが、自分自身がよい気分、よい感情でい

ないとうまくいきません。

自分が我慢していたり、何か不満を抱えたりしている状態で相手に対して愛を使うと、「あなたのために、こんなにしてあげているんだから……」という〝期待と不満〟の感情が介入するので愛がうまく発揮されなくなります。

私は長女が生まれたとき、育児休暇を取得していました。

仕事で忙しい夫を気遣い、夫の休日には積極的に夫が一人になれる時間をつくって、休ませてあげようとしました。

でも、いかんせん慣れない初めての育児経験です。「私だって大変なのに……」と、苛立つようになったのです。

そこで、夫がお休みの日は交代で一人時間をそれぞれ取ることにしました。

すると不満はなくなり、パートナーシップはもちろん、育児に対しても「楽しむ」という余裕が出てきました。

愛をうまく発揮するためには、まず自分を愛する。自分を愛するとは、自分を大切にし、自分自身をポジティブな感情で満たしてあげることなのです。

自分自身がポジティブな感情で満たされていれば、その結果に一喜一憂することはありません。

でも、自分自身がポジティブな感情に満たされておらず、その不足を相手のポジティブな反応に期待すると、そうならなかったときにネガティブな反応を生むことになり、うまくいかなくなってしまうのです。

こうすれば自己重要感は簡単に上がる

自分を責めたり否定したりするよりも、自分を大好きになって大事にしてあげるほうが気分はいいし、幸せになれる。

きっと誰もがそのことに気づいているのではないでしょうか。

自分をどれだけ愛しているかによって自己重要感は変わってきます。

自己重要感が高い人は自分を活かし、さらに自分の価値を高めようとします。

しかし、自己重要感が低いと自分を活かそうとせず、他人に従い、利用され、自分の価値がうまく発揮できなくなってしまうのです。

自己重要感を上げるには、とにかく自分を愛することが必要なのですが、これは〝鶏と卵の関係〟で、自己重要感が低いと自分を愛することができません。

鏡で自分の顔を見ることさえ嫌だった時期の私は、自分を好きになろうと自分を褒める日記をつけたり、失敗しても自分を否定したりせずに「仕方ないよねー、頑張ったねー」なんて優しい言葉をかけるなど、いろんなことを試しました。

たしかに、以前よりは少しずつ自分を好きになれたけど、まだまだ優先順位は他者のほうが上です。自分を犠牲にして誰かのために尽くすことをやっていました。

そんなとき、どうすればいいかというと、〝ある方法〟で自己重要感を上げていけばいいのです。

その〝ある方法〟とは、**「人に〝ありがとう〟を言ってもらう」**ことです。

人は自分が持っている価値観で自分を見ても、その価値観の範囲でしか自分を褒めることができません。

でも、**人から〝ありがとう〟を言ってもらうことで価値観の範囲が広がり、絶大な効果を発揮するのです。**

お店に入るときに扉を開けて後の人を先に入れてあげるとか、エレベーターに同乗した人に行き先階を聞いてボタンを押してあげるとか、まずは簡単にできることから始めましょう。

自分にとって「大したことない」と思っていることでも、意外なところでものすごく感謝されると「あれっ、こんなに人を喜ばせることができる私ってすごいかも……」。そんな思いに変わるのです。

色々試しながら「人に〝ありがとう〟を言ってもらう」機会が増えてくると、自分ができることの中で、人が何をしたら喜んでくれるのかがわかってきます。

そうなれば次は、〝ありがとう〟を〝お金〟に変えていけることを探していけばいいのです。

人に〝ありがとう〟を言ってもらえるだけでも自己重要感は上がりますが、そこに〝お金〟が伴えば、自己重要感は飛躍的に上がります。

これは私の実感です。


実は、以前の私は自己重要感が低く、自分のことが好きになれませんでした。

警察に勤務していたときはある程度感情の使い方がわかり、警察の仕事の中で〝ありがとう〟を言ってもらえるように努めていて、そのおかげでかなり自己重要感は高まりました。

しかし、劇的に自己重要感が高まったのは、独立して、〝ありがとう〟の言葉とともに〝お金〟もいただくようになってからです。

おもしろいのは、自己重要感が上がるにつれて受け取る金額も上がっていったこと

です。

自己重要感が低いと自分が提供するサービスに対しても自信が持てず、アピールが弱くなり、いただく金額も低めに設定してしまいます。

しかし、自己重要感が高まれば、自分のサービスにも自信が持て、さらには自分への愛情が増えた分だけ相手への愛情も増えるので、よりお互いの満足度も高まるのです。

「愛し方」と「愛され方」は同じじゃない

「愛」と一言でいっても、その表現方法はさまざまで、あなたが伝えたい愛の「愛し方」と、相手が求めている愛の「愛され方」が同じとは限りません。

たとえば、私の場合、「**相手を察してあげる**」ことが最高の愛だと思っているところがあります。

これは「人の感情が色で見える」という私の特性も関係していることだと思うのですが、**相手が望んでいることをいち早く察して、その行動をとってあげる。これが最善の「愛し方」だと思っているのです。**

自分が信じていることとは、相手にも自然と同じことを求めてしまいます。

だから、察してくれない人がいるとイライラするし、「それぐらい、察してよ！」とか「どうして気づかないの？」と不満を感じてしまいます。

人それぞれに物事の感じ方が違うように、〝愛のカタチ〟もいろいろです。

いくら相手のことを愛しているからといって、相手が望んでいない〝愛のカタチ〟を押しつけるのはよくありません。

また、自分が望んでいるものを与えてくれないから「私は愛されていない」と感じてしまうのも違います。

愛って、ものすごく柔らかくフワフワしていて、その時々にカタチを変えることができる、素直で柔軟なものだと思うのです。

愛は難しく考えるとどこまでも難しくなりますが、その答えを見つけること自体を人生の目的と捉えれば、いろんな大切なことが見えてきます。

自分を信じて愛することと、相手を信じて愛すること。このニつをやり続けていけば、人生のどんな難問も必ず答えは見つかります。

大切に扱われたいのならオシャレしなさい

「オシャレなんかして、何の意味があるの？」

こう思っていた時期が、私にはあります。

それは結婚し、子どもも生まれ、公私ともに忙しいときでした。

育児に、仕事にと時間に追われる毎日。

「結婚しているのだから、モテたってしょうがないし」と、顔のパックをやめ、月に一回通っていたエステもやめ、だんだんと自分の〝見た目〟にかまわなくなりました。

そんなある日、ふと「最近、周りの人たちから自分が雑に扱われたり、大切にされていないと感じたりすることが増えている」ことに気づいたのです。

なぜそうなったのか、原因を色々と考えているうちに、とても重要なことに思い至りました。

それは「**周りの人たちも私のことを大切に扱わなくなったけれど、一番、大切に扱ってないのは自分自身だ**」ということです。

オシャレしていないだけで「こんな私が入れるお店じゃない……」と行きたいお店をあきらめたり、「こんな私が会いに行っても恥をかくだけ……」と人に会うことをあきらめたり、出かける場所や会う人を自分自身で制限するようになったのです。

職業や性別などで人間の価値は決まらないのが前提ですが、**不思議なことにオシャレするだけで知名度のある方や影響力のある方にお会いしても、自分を卑下せず対等に話ができる自分になれるのです。**

自分自身が大切に扱ってないものを周りに大切に扱ってもらおうとするのは無理な

話です。

だから、まずは自分が自分を大切に扱う。

オシャレはそのためにあるのだと思います。

オシャレをすれば感情もポジティブになるし、自己重要感も上がります。

センスは関係ありません。

ただ、自分が堂々としていられるように外見を気にすることです。

男性はカッコよくいること、女性はかわいく美しくいることを、いくつになってもサボってはいけないのです。

第5章

ネガティブな感情を活用する方法

不安は、今よりよくなるための兆し

クライアントさんからの相談事で〝不安〟に関することはすごく多く、中でも「**お金に関する不安**」が圧倒的に一番です。

金融庁の金融審議会が「老後30年間に必要な資金が２０００万円不足する」という試算を発表したことで、多くの人が自分の老後に対して不安を覚えたことでしょう。

では、２０００万円あれば老後の不安はなくなるかというと、「いや、５０００万円は必要だ」と言う専門家もいるし、お金があったらあったで「最近、強盗事件が増えているから狙われないか、不安だ」というふうに、どこまでもお金の不安を消すことはできません。

『ハリーポッター』に登場するヴォルデモートという人物は「名前を言ってはいけ

ないあの人」とか「例のあの人」と呼ばれています。

これは作者があえて、読者の不安や恐怖心を引き出すために不明確にした〝演出〟です。

これと同じで、**人は不明確なことに対して不安や恐れが強くなる傾向にあります。**

実際、私も公務員を辞めて独立したとき、この先やっていけるか不安でした。

しかし、「月にどれくらいのお金が必要か」を明確にしたうえで、仮に独立してうまくいかなくても、近所のコンビニやスーパーで毎日これくらいの時間アルバイトすれば必要なお金をつくることができるとか、自分の中でハッキリさせることで不安を解消しました。

不安は将来に起こる危険を感じ取るために必要な感情であり、不安があるから私たちは備え、そのおかげで将来の安全や安定を得ることができるのです。

大事なことは、不安を感じたら、その感情を不安のままにしないことです。

不安を放置すると思考にも影響がおよび、何かあるとネガティブな考え方になってしまいます。

たとえば、パートナーが浮気しているんじゃないかと不安になると、残業で遅くなることも、出張で家をあけることも「本当は浮気しているんじゃないか」と考えてしまい、ますます不安になってしまいます。

不安だからと相手を疑い、そのネガティブな感情のままで接すれば、相手にもネガティブな感情を与えてしまい、お互いの関係自体を損なう事態になってしまうかもしれません。

「石橋を叩いて渡る」ことは大事ですが、その石橋を叩きすぎて壊したら意味がないですよね。

とにかく、不安はその原因を分析し、早期に解消してしまいましょう。

不安を「今よりもよくなるための兆し」と捉えれば、お金の不安は「お金持ちになれるチャンス」に、人間関係の不安は「大切な人との絆を深めるチャンス」に変えることができるのです。

感情は現実化する

今ある現実は〝あなたが信じていること〟の結果です。

仕事で苦労している人は「仕事は大変なのが当たり前」と信じています。

人間関係で苦労している人は「人間関係は難しい」とか「イヤな人が一人や二人いるのはしょうがない」と信じています。

お金で苦労している人は「お金持ちになるには環境や才能に恵まれるか、悪いことをしないとなれない」と信じています。

信じているからこそ、今の状態に甘んじているのです。

自分の望みや理想を頭に浮かべたとき、

「無理かも……」

「難しいな……」

「厳しいかも……」

そんな不安などのマイナス感情を感じたら、それは叶わないということです。

逆に叶うときは、「それが叶う！」と確信できるときです。

そこに、それが叶うための要素や根拠は必要ないのです。

実際、この本を出版するに至った経緯も、確信に変わってから動き始めました。

2023年に開催されたWBC（ワールド・ベースボール・クラシック）で、大谷翔平選手は投手と打者の〝二刀流〟で大活躍し、見事MVPに選ばれました。

大谷選手は周りから「二刀流なんて無理」とか「〝二兎を追う者は一兎をも得ず〟のことわざがあるように、どちらかにしないと、どちらもうまくいかない」と反対されていましたが、本人は一度も「二刀流は無理」と思ったことがなく、むしろ二刀流で世界を舞台にして自分が活躍する姿を信じ、そのことにワクワクしていました。

だからこそ、あれだけの活躍ができるのです。

このことからもわかるように、**今ある現実を変えたいのなら、今、自分が信じてい**

ることを確信に変わるまで行動しないといけません。

ただ、自分が信じていることを変えるのは容易ではないし、そもそも自分が何を信じているのかに気づいていない人もたくさんいます。

では、どうすればいいのか。

自分のネガティブな感情を探っていけば、その答えは必ず見つかります。

ネガティブ感情から逆算すれば、得たい結果が見える

アメリカの臨床心理学者アルバート・エリス（1913～2007）は、感情が生じる仕組みをABC理論で説明しています。

ある出来事（A：activating event）に対して、人はそれを思考や観念（B：belief）を通して認知し、その結果（C：consequence）として感情が生まれるのです。

図にするとこうなります。

A：出来事
↓
B：思考・観念
↓
C：感情

同じ出来事でも、受ける感情は人によって変わります。

それは、人それぞれに思考や観念が違います。だから受け取り方も感じ方も変わるのです。

たとえば、上司が部下を叱るという出来事でも、ある人は「叱られた。きっとあの上司は私のことを嫌いなんだ」と捉えれば、別のある人は「叱られた。それだけあの上司は私に期待してくれているんだ」と捉えるかもしれません。

何を信じているかで受け取る感情が変わり、行動が変わり、結果が変わります。

では、どうすれば、自分の人生の邪魔をする間違った思考や観念に気づき、変えることができるのでしょうか。

そのために、**ネガティブな感情をうまく活用するのです。**

ネガティブな感情が湧いたとき、そこには必ずあなたの幸せや成功を邪魔する思考や観念が隠れています。

私の場合、環境や人間関係、お金に縛られず、自由に生きている人に対して嫉妬心や怒りの感情がありました。

「私がこれだけ苦労してがんばっているのに、どうしてあの人は……」

これが私の【C：感情】です。

では、この感情を生み出した【B：思考・観念】を探ってみると、こんなことを信じていることがわかりました。

「結婚して子どもがいる女性は自由になれない」

「お金を簡単に稼ぐことはできない」

「簡単にお金を稼いでいる人は才能など、特別に恵まれた人か、ずるいことをしている人だ」

そこで私は、

「結婚して子どもがいるのに自由に生きている女性」

「特別な才能もなく、ずるいこともせず、簡単にお金を稼いでいる人」

という【A：出来事】を起こしている人に会い、どんな【B：思考・観念】を持っているか聞いてみることにしました。

その結果から自分の【B：思考・観念】は「子どもがいても自由に好きなことでお金を稼げるんだ」という確信に変わり、自分の望む【C：感情】を得ることができたのです。

このように、**起こった【C：（ネガティブ）感情】から、【B：（自分の願望を邪魔する）思考・観念】を洗い出し、そこから逆算して自分が得たい【A：出来事】を捜査すれば【B：（自分の願望を実現するための）思考・観念】がわかり、【C：（ポジティブ）感情】を得ることができます。**

名づけて、「**ABC理論逆算捜査法**」。

今日からあなたも、自分の幸せや成功を邪魔する容疑者（思考・観念）を割り出して、自分が求める真犯人（本当の幸せ・成功）を逮捕する捜査官です。

自分に許可を与えていけば、間違った罪悪感は消える

ネガティブ感情の中で、割と厄介なのが〝**罪悪感**〟です。

人の物を盗むとか、罪を犯した人が罪悪感を持つのはいいこと（犯罪はダメだけど（笑））ですが、悪いことをしているわけでもないのに罪悪感を持ってしまう人がいます。

特に厄介なのは、本人がそのことに気づかず、無意識に自分の行動を制限してしまうことです。

実は、私もそうでした。

私の場合、その原因は幼少期の家庭環境にあります。

私の母は2世帯が同居する家に長男の嫁として嫁いできました。

実はこうした環境の影響で、私は「人の感情が色で見える」という感覚が身についたのですが、とにかく子どもの目から見ても、母が祖母と曽祖母にものすごく気を遣っているのが感じられたのです。

「この家の中では、大好きな母が少しでも気が楽でいられるように、私は振る舞わないといけない」

物心ついたときから、こういう感覚が私にはありました。

そんなあるとき、今でもよく覚えているのですが、母が私にこんな言葉をかけたのです。

「あんたはいいよね～（自由にやりたいことがやれて）」

母は別に悪気があって言ったわけではないと思うのですが、このことがキッカケで、私は自分が楽しむことに対して罪悪感を抱くようになりました。

こうした、小さい頃に持ってしまった不必要な罪悪感を解消するには、その都度自分に許可を与えて【B：（間違って持ってしまった）思考・観念】を正しく書き換えればいいのです。

最初は私もなかなか罪悪感を払拭できなかったのですが、その都度「どうして悪いことだと感じるの？」「それをすることで、誰かが困るの？」「悪いことだとは思わないよ」という視点で、小さな子どもに質問するように自分と向き合いました。

すると、どんどん自分が解放され、まるで心臓の位置が高くなったのではないかと錯覚するくらい心が軽くなったのです。

そして「自分が楽しむことはいいことだ」と自分に許可を与えているうち、あることに気がつきました。

「自分が楽しそうにしていると、家族や周りの人たちも楽しそうにしている」

「自分が心から楽しんでいるとき、不平や不満は一切湧いてこない」

こうした成功体験を繰り返していけば、【B：(間違って持ってしまった）思考・観念】は必ず正しく書き換えることができるのです。

目には目を、恐怖には恐怖を！

自己啓発本や成功法則本を読むと、必ず説かれていることがあります。

それは〝行動〟の重要性です。

何かを得たい、何かを変えたい。そう思ったら、そのための行動あるのみです。

でも、多くの人が行動の重要性を知りながら、実際には行動できないでいます。

なぜかというと、そこには恐怖の感情があるからです。

失敗する恐怖。現状が変わることへの恐怖。未知のものへの恐怖。

こうした恐怖の感情への対応策には、大きく分けると2つあります。

一つは、これまでも解説している【B：思考・観念】を書き換える方法です。

成功体験を重ねていけば、「行動することは楽しいこと」という思考・観念ができ、恐怖の感情を伴わなくなります。

そしてもう一つは、その恐怖よりもさらに大きい恐怖を感じる方法です。

たとえば、あなたが「ダイエットしよう」と思っているけど、なかなかできないとします。

では、あなたの10年後を想像してみてください。

ダイエットをしないあなたの10年後は基礎代謝も落ち、今よりもさらに太っています。

その結果、モテなくなり、大切な人にも嫌われて、一人寂しく暮らしているかもしれません。

さらには肥満が原因で成人病を発症し、病気に苦しんでいるかもしれません。

そしてさらには気力もなくなり、会社もクビになり、収入も途絶えて……。

こんな自分を想像したら、怖くないですか？

私にとって最も恐ろしいことは、**人生の最後に後悔する**ことです。

「もっと挑戦すればよかった、仕事ばかりではなく、大切な人とこんなことをしたかった……」。人生の最後に、そう悔やむことほど恐ろしいことはありません。

第3章で、お腹に宿った子供と胎話した……とお伝えしましたが、実はその子は生まれてくることはありませんでした。

「まさか自分の身にこんなことが起きるなんて……」

何を見ても自分が今いる世界が白と黒にしか見えなくなるほどショックを受けました。

「人ってどうして生まれてくるんだろう?」

「生まれてくることがなかったあの子にも、生を受けた意味があったのか?」

私がたどり着いた結論は、あの子は短い命を精一杯使って、私に恐怖の正体を教えるためにやってきてくれたんだと確信しました。

「ただただ、受け身で毎日を過ごしている自分が情けない」

「生きることなく人生を終わらせたくない」

「自分の魂が震えるほど毎日を楽しみ、味わい尽くしたい!」

安定の公務員を辞めての独立は、経済的な意味でも本当に恐かったけれど、それ以上に人生の最後に後悔することのほうが私は恐かったのです。

恐怖は生命を維持するためにも重要な感情なので、人は必ず恐怖から逃れるための行動をします。

つまり、ダイエットをすることで起こる「失敗する恐怖」や「現状が変わる恐怖」よりも、「現状が変わらない恐怖」や「変わらないことで起こる恐怖」のほうが大きければ、より大きいほうの恐怖から逃れようとするのです。

死を目前にした人は、「やって失敗したこと」よりも「やらなかったこと」を後悔するといいます。

「人生は限りあるもの。当たり前なんて、一つもない」
「明日のことがわからないなら、自分が笑っている未来にかけてみる」
「たった一度の人生を、自分らしく生きず、やりたいこともやらずに終わるなんて、絶対にイヤだ！」

こうした想いがあれば、自分の人生を邪魔する恐怖心に負けることはありません。

感情はブーメラン。投げたものが返ってくる

すべてのネガティブ感情にはポジティブな使い方がありますが、その中でも利用価値が高く、すぐによい結果に結びつくことができる感情があります。

それは〝**嫉妬心**〟です。

誰かの成功や幸せを「うらやましい」「心から喜んであげられない」。そんなことありますよね。

私自身もビジネス仲間が大勢に囲まれて、イベント大成功の写真をＳＮＳにアップしていると、モヤモヤして、心から喜んであげられないことがついこの前もありました（笑）。

でも嫉妬心が湧くということは、それだけあなたにやる気や向上心がある証拠です。そしてもし、あなたが誰かに嫉妬したのだとしたら、あなたのその嫉妬した人と同等か、それ以上に成功や幸せになる可能性があります。

嫉妬って、まったく知らない人や偉大な人よりも、身近な人やよく知っている人にしますよね。

それは、嫉妬する相手の才能や力量を知っていて、「自分はそれに劣っていない」と思うからです。

「この人には敵わない」と思うような人に対して嫉妬心は湧きません。

これを知っているだけで、嫉妬したらむしろうれしくなりますよね。

では具体的に、嫉妬心の活用法を紹介しましょう。

まず、嫉妬心が湧いたら、自分にも同じ願望や能力、可能性があることを知ってください。

その次に、嫉妬した相手と同じ感情を味わってみましょう。

たとえば、私の場合なら、仲間のイベントの大成功を一緒になって喜び、「すごいね！」と讃えるのです。

相手を讃えながら、より具体的に、どんなことをして、「今、どんな気持ち？」と、どんな感情を抱いたのかを聞くと、さらに自分の成功の可能性は増します。

これには2つ意味があります。

一つは相手と同じ感情を味わうことで、自分もどうすれば同じ感情を味わえるのかを考え、行動するようになり、より具体的に成功に近づけるからです。

そしてもう一つは、相手を讃えて我が事のように喜べば、相手は必ずあなたの味方になって応援してくれます。

具体的な方法を教えてくれるだけではなく、あなたの成功を一緒に手伝ってくれるかもしれません。

イベントが大成功した仲間に「すごいね！おめでとう！」そんな声をかけると、「実はね……」と、大成功の裏側を教えてくれて、「だから、これやったらいいよー」ってアドバイスまでしてくれたことがあります。

おまけに、それを達成するための人脈まで紹介してくれました。

嫉妬心で相手を妬めば、相手が敵になるばかりではなく、自分もネガティブな感情でダメになってしまいます。

逆に、嫉妬した相手に心からの「おめでとう！」を言って、相手を讃えて我が事のように喜べば、それと同等の結果があなたにも訪れ、同じポジティブな感情を味わうことができます。

投げた感情は「ブーメランの法則」で、必ずあなたに戻ってくるのです。

信じて頼れば、人間関係はもっとよくなる

元々はポジティブな感情であるはずなのに、なぜかそれが原因でネガティブな感情を抱いてしまうことはないですか？

たとえば、「お客様を大切にしたい」という気持ちが強くて、「本当に気に入ってもらえたか不安になる」とか「断られるのが怖くて、営業できない」という人。

「相手といい関係でいたい」と思うから、「迷惑をかけたくない」から相手にお願い事ができない人。

こういう人はすごく優しい人で、相手に対しての気遣いや思いやりの心に溢れた人です。

でも、それが行き過ぎて、ネガティブな感情を持ってしまう。

こういうときの一番の解決方法は「**相手を信頼し、相手に聞く**」ことです。

まず「相手が本当はどう思っているか」とか、相手の本心を知るのは不可能です。

不可能なことで不安や恐れを抱いても、そのネガティブ感情が解消されることはありません。

だから、相手に対して不安や恐れの気持ちが湧いたら、まずは相手にそのことを聞きましょう。

もしかしたら、相手はあなたを気遣って、本当は満足していなくても「よかったですよ」と答える人もいます。

それはそれで、相手の優しさから出てきた言葉なので、それは素直に受け取ればいいのです。

「相手に迷惑をかけたくない」というのも、相手が本当に迷惑しているかどうかは聞いてみないとわからないことはあるし、もしかしたら相手は「もっと迷惑をかけてほしい」と思っているかもしれません。

「迷惑かも？」「嫌がるかも？」と〝かも〟がつくのは自分の予想でしかありません。結局、〝自分というフィルター〟を通して相手を見れば、自分だけの解釈しかできないのです。

本当に大事なのは「相手に迷惑をかけない」ことよりも、相手を〝信頼〟することです。

「信じること」と「頼ること」は、よい人間関係を築くうえでとても大切なことなのです。

私はこのことを、夫から教わりました。

ある日、ちょっとした事情で帰宅時間が遅くなってしまい、娘の保育園へのお迎えと夕食の準備を夫に頼むことになりました。

仕事で遅くなったのならそれほど罪悪感を持つこともなかったと思うのですが、それが遊びの帰りであったため、私は「夫に迷惑をかけた。妻失格だ」と自分を責め、ずっとモヤモヤした気分で家路につきました。

家に帰っても落ち込んでいる私に、夫はこう言ったのです。

「おまえ、俺をなめんなよ！　そこら辺の男と一緒にするんじゃねえ‼」

さらに夫は「おまえが楽しんで帰ってきて、それを怒るような小さな男ではないからね」と付け加えました。

「信じること」と「頼ること」は、親子や夫婦だけではなく、すべての人間関係をよりよくするために必要なことだと思います。

執着を手放せば、必ずそれに代わるものが入ってくる

執着心は扱い方次第でネガティブにもポジティブにもなります。

そもそも、執着するということはそれだけ、そのこと（もの、人）を大切に思っていて、必要だからです。

執着心を活かすためには、自分がその対象に執着したときにどんな感情が湧いてくるかが重要です。

「楽しい」や「うれしい」といったポジティブな感情が湧くのなら、その執着心は活かされています。

でも、「苦しい」や「辛い」といったネガティブな感情が湧くのなら、それは「その執着を手放しなさい」という合図かもしれません。

とはいっても、執着している最中は、いろんな損得勘定や思い込み、常識に惑わさ

れて自分がポジティブ感情を抱いているのか、ネガティブ感情を抱いているのか、わからなくなることもあります。

実際、「転職したいけどどうしたらいいかわからない……」。そんな相談を受けると、私はこんな一言を伝えます。

「転職しなくてもいいよ」

すると、その後に受けた感情で、自分が本当にどうしたいかがハッキリと見えてくるのです。

たとえば、これを言われて安心したとしたら「転職してもっとすごいことやらなきゃ！」とか、「仕事をもっと楽しまなきゃ！」とか、理由はさまざまですが〝転職しなければいけない〟という不要な執着だったという証拠です。

一方で**残念に感じたり、不快を感じたりしたら、それは「やってみたい！」という活かされた執着です。**

執着していることに対して「それを手放していいよ」という真逆の質問をすること

で、ポジティブな感情が湧くか、ネガティブな感情が湧くのか、わかりやすくなることがあります。

自分の執着に気づいたら、それが仕事でも人間関係でも、一度手放して、〝ゼロベース〟で考えてみるといいでしょう。

本当に、その人じゃないとダメなのか。

その方法以外に、もっといい方法があるのではないか。

執着して「苦しい」とか「辛い」という感情が湧くときは自分が何かを握りしめ、それにしがみついているからです。

そういうときは視野が狭くなり、自分や周りがちゃんと見えなくなります。

執着しているものを一旦手放し、楽で身軽なポジティブ感情で物事を見直せば、必ず新しい可能性や、もっといい出来事が見えてくるかもしれません。

ある女の子が叶姉妹に「彼氏にフラれてショックで立ち直れません。どうしたらいいですか?」という相談をしたとき、それに対する返答が秀逸でした。

「大丈夫！　今日も男子はたくさん生まれているから‼」

執着心に限らずどんなときでも、2つ以上の感情が絡み合って悩んだりしたときは「よりポジティブなほう」を選択するようにしてください。

感情はあなたの羅針盤です。

必ずあなたの進むべき道が見えてきます。

ネガティブ感情が湧いたら、それは開運の合図

私はネガティブな感情が湧いてきたら「やった〜！」って思います。

なぜかというと、それは本当の自分に気づくいい機会であり、理想の自分にさらに近づくチャンスだと思うからです。

ポジティブな感情に対しては積極的に行動できますし、自分がやりたいことや好きなことはいつでも意識できます。

でも、ネガティブな感情は起こってみないとわからないし、普段から意識することってあまりありません。

いいことの中からだけではなく、悪いことの中からも自分を見つめ直してこそ、本当に自分が望んでいることがわかり、意識をそこにシフトしていくことができるのです。

ただ、そうは言っても、ネガティブな出来事をポジティブに捉えることが難しいのも事実です。

特に身近な人間関係で湧き起こるネガティブな感情は、とても根が深いものがあります。

感情の強さは距離に比例します。

身近な人間関係であればあるほどより強い反応になり、さらにはさまざまな感情が入り乱れて、物事をより複雑にしてしまうのです。

刑事のときに経験した事件の多くは、身近な人間関係の〝もつれ〟が発端になったか、身近な人間関係に強く影響されたことが原因でした。

そして、コンサルタントになって受けた相談の多くも、身近な人間関係の悩みなのです。

なぜこうも、人は身近な人間関係で悩むのか。

人間関係の距離が近ければ近いほど関わりも大きくなりますし、相手の悪いところも見えてきます。

「袖触り合うも他生《たしょう》の縁」と考えれば、こうした問題も他生の縁に起因するのかもしれません。

いずれにしても、身近な人との問題を偶然の出来事で「しょうがない」と捉えるよりも、必然の出来事で「この問題を解決するか、乗り越えることが今の自分には必要なんだ」と捉え、自分の感情に素直に従う。これが大切だと私は思います。

身近な人間関係トラブルの解決法

人間関係でトラブルがあったとき、一番大切にしなければならないのは自分の感情です。

ただ、身近な関係であればあるほど、さまざまな感情が交差し、自分のどの感情を優先すべきかがわからなくなってしまいます。

人間関係のトラブルを解決するための第一歩は、相手との精神的な距離と物理的な距離をとることです。

でも、これが仕事の関係や家族だと、なかなか難しい。

経済的な問題や、問題になっている人以外の周りの人との人間関係のことまで考え出すと八方塞がりで、身動きが取れなくなってしまいます。

そんなときにどうすればいいかというと、八方が塞がっていても必ず上は空いています。

つまり、**上を目指して自分が成長してしまえばいいのです。**

自分が精神的に、あるいは経済的に、とにかく成長してしまえば、不思議と問題は解決してしまいます。

相手が離れていってしまうこともありますし、問題が気にならなくなってしまうこともあります。

どうやって自分を成長させていけばいいかわからない人は、とにかく自分の感情に従うことです。

決して自分を否定することなく、自分を認め、自分の感情に寄り添うのです。

自分の中の一つひとつの感情にちゃんと寄り添っていけば、最初は糸のように絡まった感情も次第に解けていき、最後には必ず本当の自分につながります。

自分の感情が下を向いていると苦しくて、辛くなるけど、上を向いていれば楽しくなり、心も軽くなり、自分が成長していることも実感できるはずです。

第6章

自分の感情を色で知り、活かす

自分の感情は色でわかる

「はじめに」でも触れたとおり、私は人の感情が〝色〟で見えます。

こうした〝共感覚〟は生まれ持った才能として獲得する人もいますが、私の場合は幼い頃の環境が大きかったと思います。

物心ついたときから常に周りの大人の〝顔色〟をうかがっているうちに、その色の変化がわかるようになりました。

これって、幼児期の環境と訓練で獲得する〝絶対音感〟と同じようなものだと思うんです。

絶対音感を持った人はすべての音を〝音階〟で捉えます。私たちがふだん何気なく聞いている雨音も、絶対音感を持った人には「ショパンの調べ」のように心地よく響いたり、心を乱す「不協和音」に聞こえたりもするのだそうです。

絶対音感を持っている人の中には音を色で感じる人も多く、音も感情もエネルギーであることから、そのエネルギーから出る周波数を色で認識するのだと思われます。このような話は、共感覚を持たない人にはあまり関係のない話のように思われるかもしれません。しかし、感覚の差こそあれ、どんな人でもこの微弱な周波数を感じ取ることができると私は思っています。

家族や仲の良い友だちと会ったときに何か違和感を覚えて「（学校、職場などで）何かあった？」と聞いてみたら、「実はちょっと、イヤなことがあって……」みたいな経験はありませんか？

あるいは遠く離れた身内の異変を感じたりする「虫の知らせ」もその一つです。

私たちは「視覚」「聴覚」「嗅覚」「味覚」「触覚」といった五感以外に、誰もが微弱な周波数を感じ取るための第六感を持っているのだと私は考えます。

本章ではこの力を利用して、色から自分の本質を探ってみましょう。

色を使って夢を叶える

まず、左ページの14色の中から、自分の好きな色や自分に似合う色ではなく、直感で気になった色を選んでみてください。ここであなたが選んだ色はあなたが持つ感情の本質を表す色ですが、逆に色を利用することであなたの感情を変えることもできるのです。

色が人間の感情や精神活動に影響を及ぼすことは広く知られています。

近年では研究が進んでいて、病院などのさまざまな施設の部屋の色や、制服やユニホームの色を決めるのにも活用されています。

１３９ページから始まるそれぞれの色の解説を読んでみて「こんな感情を手に入れたい」とか「こういうふうになりたい」という色があったら、自分の服装や小物にその色を取り入れてみるのもいいでしょう。

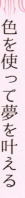

Color chart

Red 赤	Magenta Pink 赤紫（マゼンダピンク）
Pink ピンク	Coral Pink コーラルピンク
Orange オレンジ	Yellow 黄色
Yellow Green 黄緑	Green 緑
Blue 青	Purple 紫
Light Blue 水色	Turquoise ターコイズ
Black 黒	White 白

前ページで示した色以外のパーソナルカラーもありますし、組み合わせも含めればその数は無限大です。

つまり、色の数だけ感情があり、その数だけ個性があります。

どの色が正解で、どの色は間違っているということはありません。

それぞれが素晴らしい個性で、その人だけの大切なものなのです。

それを、誰かと比べたり、正しさを求めたりしても苦しいだけです。

もし、今のあなたが苦しいのなら、それはあなたの色を活かせていないだけです。

この世の中にはいろんな色があって、それぞれが主張し合い、調和をとりながらお互いに輝いています。

あなたはあなたの色を活かし、この地球というキャンバスで、ステキなあなただけの絵（物語）を描いてください。

感情が指し示すままにその絵を描き切ったとき、きっと今世の自分の役割を思い出すはずです。

Color chart

情熱の感情

赤

ポジティブ・ポイント

赤を選んだ人は情熱のエネルギーが溢れる人で、困難なことに挑戦する力と集中力に富んでいます。

このエネルギーをうまく活かせば、周りを巻き込んで大きな成果を生むことができます。

人にやる気を出させることにも力を発揮するので、先生、講師、チームのリーダーにも向いています。

ネガティブ・ポイント

このエネルギーがネガティブに作用しているとき、相手には自分の意見を曲げない頑固な人、強引な人に見えている可能性があります。

うまくいかないときは「自分の意見や考えを相手に押しつけていないか」と考えてみたり、相手の状況や気持ちを聞いて確認したりしましょう。

特に青の《冷静な感情》の持ち主には、あまりグイグイと結果を求めると、相手がエネルギー負けして離れていってしまいます。

こういうときは相手に対して成果を出させることよりも、相手の目的意識や感情に寄り添い、共にどうすればいいかを考えるとうまくいきます。

Color chart

奉仕の感情

赤紫（マゼンダピンク）

ポジティブ・ポイント

赤紫（マゼンダピンク）を選んだ人は奉仕の精神に溢れた人で、「誰かの力になりたい」という強いエネルギーを持った人です。

実は私のクライアントさんに一番多い色で、常に「誰かの役に立つために、自分をもっと成長させたい」という想いから、情報収集や学習にも積極的です。

また、コーチングやカウンセリングに力を発揮します。

ネガティブ・ポイント

「自分を犠牲にしてでも相手を助けたい」という想いから、自分自身を疲弊させてしまうことがあります。

自己犠牲は美しい心の表れでもありますが、「自分を犠牲にしなければ本当に目的を達成することはできないのか」をちゃんと考える必要があります。

《奉仕の感情》を持っている人は、「相手のうれしい」だけではなく「自分のうれしい」も一緒に達成できるようにすれば、必ずうまくいきます。

Color chart

母性の感情

ピンク

ポジティブ・ポイント

ピンクを選んだ人は母親が我が子に注ぐような、優しさと慈愛に満ちたエネルギーを発揮することができる人です。

《母性の感情》は先天的な性格として持つよりも、後天的な体験や、女性が妊娠・出産時に持つことのほうが圧倒的に多い感情です。

周りの人たちの怒りや苛立ちの感情を中和する力があり、その優しさはさまざまなコミュニケーションや集団の場で発揮され、活躍することができます。

ネガティブ・ポイント

この感情がネガティブに表れるとしたら、それは母親との関係が原因です。

「母を助けられなかった」とか「母の愛に報いることができなかった」といった、母親に対する未消化の感情がネガティブなものとして表面化するのです。

こんなときはとにかく、母親に対する未消化の感情に気づき、消化し、そして癒します。

決して母親のことも、自分のことも否定せず、ただただ自分の心を癒すのです。そうすれば必ず本来の《母性の感情》に気づけます。

Color chart

世話好き感情

コーラルピンク

ポジティブ・ポイント

コーラルピンクを選んだ人はとにかくお世話好きです。

誰とでも仲良くなれるエネルギーを持っているので、介護や接客など、人と接することが多い仕事に向いています。

協調性をすごく大事にするので、チームやグループには欠かせない存在となるでしょう。

ネガティブ・ポイント

この感情がネガティブに出てしまうと、相手にとってはただの“お節介”になってしまいます。

悪気はなくても、つい相手が気にする境界線を超えてしまったり、“大きなお世話”になってしまったりするので、気をつける必要があります。

そうならないためにも、常に相手の気持ちを確認するようにしましょう。

Color chart

好奇心旺盛な感情

オレンジ

ポジティブ・ポイント

オレンジを選んだ人は好奇心が旺盛で、人と関わることが大好きです。

陽気で楽しいエネルギーを持っているので、この人がチームにいるだけで場が和みます。

人と関わることで自らのエネルギーをチャージできる人なので、共同作業や、多くの人と関わる仕事に向いています。

ネガティブ・ポイント

この感情がネガティブに出てしまうと、人との関係が“なあなあ”になってしまい、馴れ合いから逆に関係が悪化したり、成長できない間柄になってしまったりする可能性があります。

また、チームで成果を上げることにこだわるあまり、仕事ができない人に合わせてしまい、チーム全体の成果を落としてしまいます。

楽しいことはもちろん大事ですが、臨機応変でときには厳しく、ルールは守って、成果やお互いの成長を楽しめるようにしましょう。

Color chart

目立ちたい感情

黄色

ポジティブ・ポイント

黄色を選んだ人は「目立ちたい」「注目を浴びたい」という感情が強く、自分を前面に出して表現することに長けた人です。

一度成功すると、その人を目指してついてくる人が増えます。

常に自分の意見を発信し、それが注目され、賞賛されることがエネルギー源となり、さらに自分を輝かせることができます。

ネガティブ・ポイント

この感情がネガティブに出ると、周りの空気を読まなくなってしまいます。

それと神経質な面もあり､少しの批判や反対意見にも敏感に反応してしまいます。

周りの意見も聞きつつ、おおらかな気持ちでいれば、自分を最大限に活かせることができるでしょう。

Color chart

ピカピカの1年生的な感情

黄緑

ポジティブ・ポイント

４月に小学校への入学を控えた、または入学したての１年生からよく見られる感情の色で、大人でこの色の感情を出している人は本当に稀で、珍しいタイプといえます。

「新しいことを始めたい」「新しい世界を知りたい」といったチャレンジ精神が旺盛で、楽しいこと、自分が信じたことに邁進していけるエネルギーがあります。

ネガティブ・ポイント

このタイプの人からは、不安や恐れの色がほとんど見えません。

人は不安や恐れがあるから備え、危険を回避しようとしますが、そうしたリスクに対する備えもなく、ただ喜びだけで突き進んでしまうのは危険です。

失敗した場合やリスクのこともちゃんと考えて行動しましょう。

それと、将来的に自分がどうなりたいかを明確にし、それに向けた計画性を持たせれば、必ず事態はいい方向に進みます。

Color chart

癒しの感情

緑

ポジティブ・ポイント

緑を選んだ人は、相手を癒してあげたいという想いと、癒すためのエネルギーを持った人です。

ケンカや揉め事が大嫌いで、トラブルの仲裁に入るのにとても適しています。

また、“整える”能力にも長けているので、整理や整頓が求められる場面で人一倍、能力を発揮することができます。

ネガティブ・ポイント

相手を自分の思う方向に“導こう”とするとうまくいかないことが多いです。それよりも、「そうだよね」「それいいね」と相手のことを聞いて良いところを引き出し、それで相手をやる気にさせて行動させるとうまくいきます。

また、“騙されやすい”ところがあるので気をつけてください。

相手に「この人なら何を言っても許される」と思わせてしまうところがあるので、イヤなことはちゃんと「イヤ！」と言い、大事な場面ではちゃんと確認することも大事です。

Color chart

冷静な感情

青

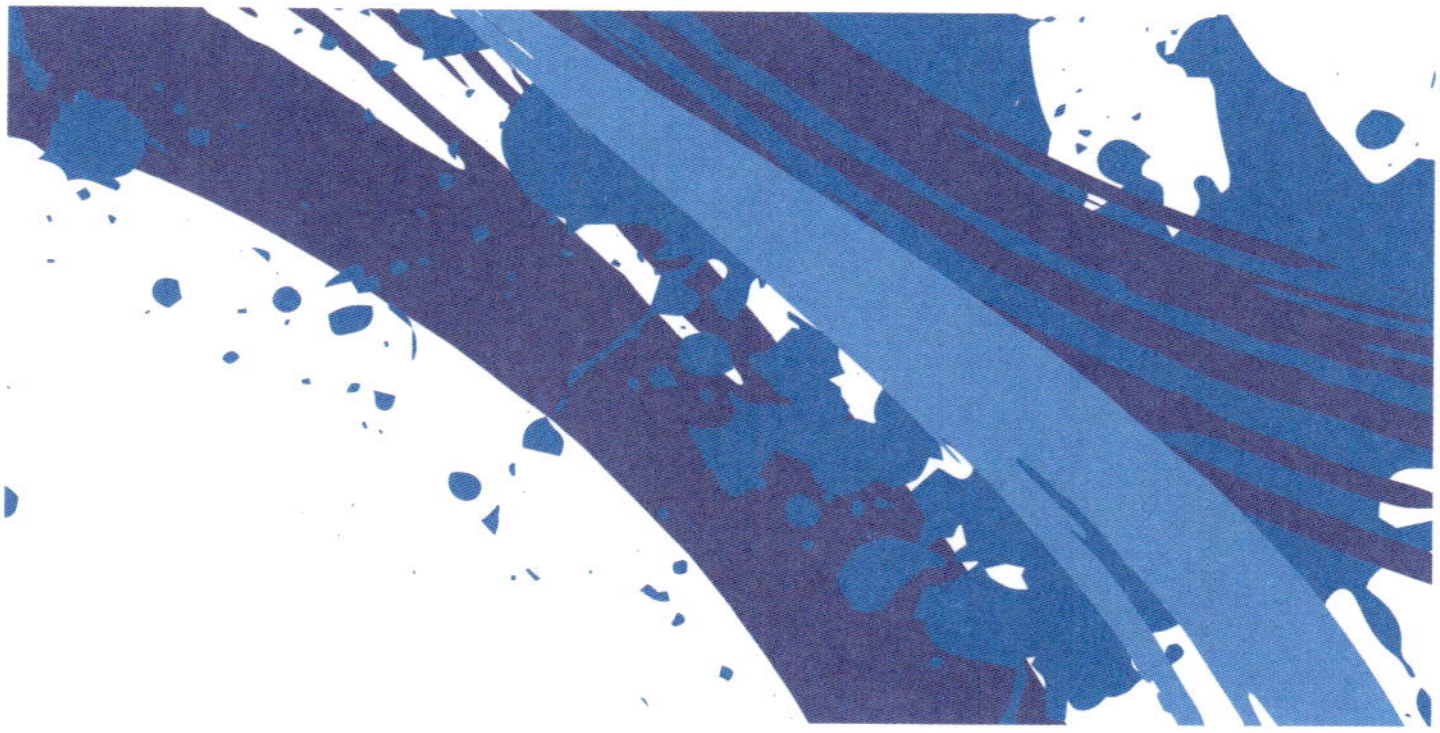

ポジティブ・ポイント

青を選んだ人は、冷静な判断ができる人で、高い分析力を持っています。

正確性が求められる仕事や場面で実力を発揮し、高い成果を上げることができます。

ネガティブ・ポイント

いつもクールで、感情を表に出すことはあまり良くないことだと思っています。それゆえ、まわりから「冷たい人」とか「感情があまりない人」に見られてしまう恐れがあります。

また、あまり情熱的な態度や言葉を使わないことから、パートナーを「本当に私のことを大切に思っているのか」と不安にさせてしまうことがあります。

だから、もしパートナーが何か不満や不安そうにしていたら、積極的に「あなたのことが大切だよ」ということを行動や言葉で表すようにしましょう。

Color chart

スピリチュアルな感情

紫

ポジティブ・ポイント

紫を選んだ方は不思議なことが大好きで、見えない世界への興味がとてもあります。

細かいことに気がつける繊細なエネルギーを持っているので、相手からは「私のこんなことにも気づいてくれた」と喜ばれ、カリスマ的な人気を得ることもできます。

スピリチュアル好きが高じて、それをお仕事にしている人も多いです。

ネガティブ・ポイント

自分が感じていることを周りが疑ったり、理解されなかったりすると機嫌が悪くなることがあるので、注意が必要です。

相手を自分の思い通りにコントロールしようとするとうまくいかなることがあるので、そんなときは「自分は正しい、間違っていない」という思いから一度脱却して、相手の気持ちに気づいてあげればうまくいきます。

Color chart

父、男性への未消化の感情

水色

ポジティブ・ポイント

水色を選んだ人は青と同じで、冷静な判断ができ、高い分析力を持っています。

正確性が求められる仕事や場面で実力を発揮し、高い成果を上げることができます。

水色もピンクと同じで、先天的に持って生まれたものではなく、後天的な経験や体験で生まれた感情で、水色の場合は父親や夫など、ある男性への未消化の感情が水色として出ます。

ネガティブ・ポイント

父親が背負った借金で苦労したとか、別れた夫に暴力をふるわれていたとか、その体験が原因で「男はお金にルーズ」とか「男は暴力をふるう」といった感じで、男性への不信感につながります。

これを解決するためには、過去の出来事で自分が“何がイヤだったのか”とそのときの感情と向き合い、そのネガティブな感情を解消してあげる必要があります。

Color chart

芸術的な感情

ターコイズ

ポジティブ・ポイント

ターコイズを選んだ方は芸術的な感覚を持った人で、その才能を発揮して芸術的な分野で活躍するか、そうでなければ趣味として楽しむことに長けています。

団体行動よりも一人で行動するのを好み、あまり周囲に惑わされず、自分が信じた道を突き進むことができます。

私の経験上、この感情を持っている人はあまり多くありません。

ネガティブ・ポイント

大切な情報を聞き逃したり、見当違いのことをしてしまったりすることがあります。

「何かうまくいっていないなぁ」と思うときは、誰かに相談したりすることも大事です。

Color chart

強い信念の感情
黒

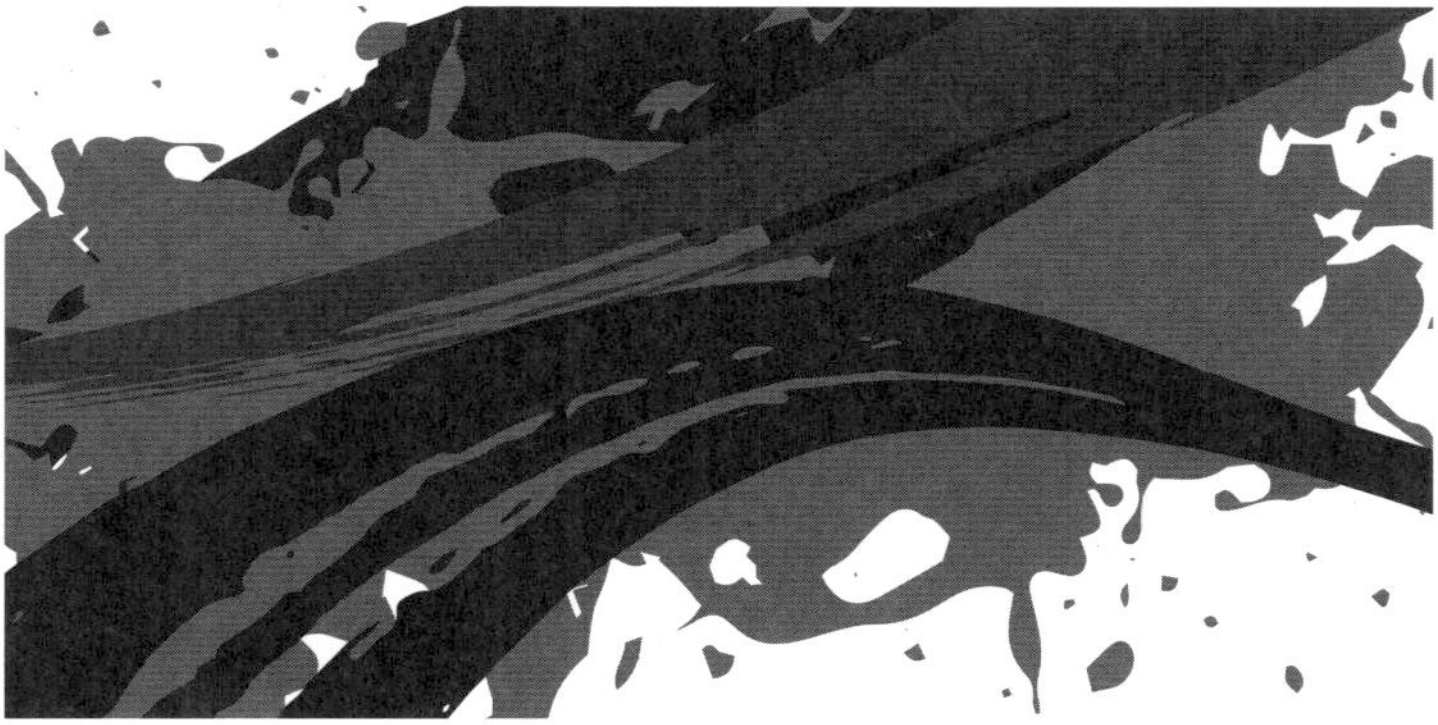

ポジティブ・ポイント

黒から連想される感情はダークな感じで良いイメージがないかもしれませんが、黒を選んだ方は強い信念を持ち、とても自分のことを信頼しています。

「有言実行」「初志貫徹」といった言葉が似合うとても正直な人で、それをやってのけるだけの秘めたエネルギーを持っています。

ネガティブ・ポイント

秘めた部分があり、あまり自分の内面的なことは表に出しません。

困っているときや、自分が辛いときでも「私は平気です」と言ってしまいます。

ときには周りに甘えたり、頼ったりすることも大事です。

自分を信頼するのと同じぐらい、周りの人に信頼をよせるとうまくいくことが増えます。

Color chart

ピュアな感情
白

ポジティブ・ポイント

白を選んだ方はとてもキレイで邪念がありません。すごくピュアです。

何にでも染まれる柔軟さと、何ものにも染まらない意志の強さを併せ持っています。

誰といても話を合わせることもできるし、それでいて自分を貫き通せる人です。

ネガティブ・ポイント

うまくいかないときに自分を必要以上に責めてしまいます。

自分に厳しいことは良い面もありますが、厳しすぎて自分で自分を苦しめるのはよくありません。

自分に対して完璧を求めすぎず、間違いや失敗よりも自分の良さに目を向ければ、もっと自分を輝かせることができます。

おわりに

最後までお読みいただきありがとうございました。

私はこの本に「**本気で生きてほしい！**」、そんな想いを込めました。

本気で生きるとは、ガマンすることではなく、苦痛に耐えることでもなく、誰かのために自分を犠牲にすることでもなく、感じたままに自分の心に従って、自由に楽しく生きることです。

自分の心に従う……、こんな話をすると、「犯罪者を擁護するんですか？」なんて、ちょっと意地悪な質問をされたりもしますが、決してそうではありません。

犯罪者は、本当の意味で、自分の心に従っていないのです。

刑事時代、たくさんの取り調べを経験して、犯人にはある共通した感情があることに気づきました。

それは、「自分なんてどうなってもいい……」、そんな自己嫌悪です。

罪を犯せば、仕事を失う可能性、大切な人が離れていく可能性など、リスクがたくさんあります。

それを知っているうえで犯罪を引き起こすのは、その度合いもありますが、少なからず自己嫌悪が影響しています。

世の中には、怒りや不安、恐れなど、マイナス感情をコントロールする方法が紹介されていますが、私はコントロールするのではなく、それを消す必要もなく、ただそれを活かせばいいと思っています。

「うれしい」「面白い」「楽しい」「幸せ」などのプラスの感情は、「これで合っているよ！」というお知らせです。

一方で、「怒り」「不安」「恐れ」「飽きる」「渇望」などのマイナス感情は、「そっちは違うよ！」というお知らせです。

感情は、自由に楽しく生きるための羅針盤のようなものです。

常に、その目的に向かって、私たち一人ひとりを最善な方向へ案内してくれています。

ときどき、みんな同じ服を着て、同じ髪型をしていたら……なんて妄想しては、ひとり笑ってしまいます。

みんなが同じことに魅力を感じる世界だったら、つまらないし、なんだかロボットみたいって思いませんか?

世界は、一人ひとり感じ方が違うから、おもしろい。

誰かにとって楽しいことが、自分にとって楽しいとは限りません。

誰かにとって難しいことが、自分にとって不可能であるとは限りません。

かくいう私も、この本を出すまでには、いろんなところで「無理だよ」「難しいよ」「甘くないよ」……なんて言われました(笑)。

それでも、今こうして、この「おわりに」を書くことができたのは、自分の感情に従って、あきらめなかったからです。

唯一無二、あなたの感情だけが、あなたを自由に、楽しい世界へ案内してくれます。

感情は才能!

環境や世の中の常識、自分以外の誰かに惑わされることなく、あなたの素晴らしい才能を活かせば、今よりもっと、人生は自由で楽しいものになり、そのために必要な、お金や人の縁も必ずやってきます。

「いつか、こうなったらいいな……」そんな悠長なことは言っていられません。
後悔しないために、今すぐ!この瞬間から、自由に楽しく生きましょう!

あなたの人生はまだまだこんなものじゃありません。
ますます自由に楽しい人生を送れますように。

この本をつくるにあたって、たくさんの方々からアドバイスをいただきました。

まず、私のメンターである森瀬繁智さん（通称モゲさん）、ありがとうございました。

プロデューサー兼ライターの竹下祐治さん、プレジデント社書籍編集部の田所陽一さん、私の思いの丈を汲み取ってカタチにしてくださり、本当にありがとうございます。

家族、友人、クライアント様、たくさんの方々に支えられ、応援されて、この宝物である1冊が完成しました。

本当にありがとうございます。

最後に、どんなときも、本人以上に私を信じて応援してくれた夫、山嵜庄司に感謝を込めて。

2024年11月吉日
山嵜史恵（フーミン）

本書をお読み
くださった
みなさまへ

愛されながら豊かになれる
プレゼントのご案内

この本を手にとってくださり、
ありがとうございます!
感謝の気持ちを込めてプレゼントを
用意しました。

以下の QR コードを読み取り、LINE で
友達追加をしていただきますと

読者様限定 3 大無料プレゼント

「お金につながる魅力と才能の見つけ方　3STEP」
「“わたし”で生きても愛される自信のつくり方」
「女性起業家が稼ぎ続ける 3 つの掟」

をお贈りします。

https://lin.ee/LKTJjiV

※告知なくプレゼントキャンペーンが終了することがございます。ご了承くださいませ。
※プレゼント企画に関するお問い合わせは山嵜史恵までとなりますこと、ご了承ください。

〔著者プロフィール〕

山嵜史恵《やまざきふみえ》
（フーミン）


元警察官。感情活用コンサルタント。

一般社団法人日本刑事技術協会 コンサルタント。

宮城県仙台市出身。1980 年生まれ。

刑事時代、人の感情の色（オーラ）が見えるという特殊能力を活かして、3,000 人を超える犯罪者や被害者などのオーラを読み取り分析し、様々な事件や問題解決に役立てる。

その後、活躍の場を「犯罪や事件の現場」から「個人の幸せへの貢献」に求めて、警察官を辞めて起業を決意。独立後はビジネスの経験がまったくないところからスタートし、試行錯誤の結果、2 年目には年商 2,000 万円を超える。

その評判から現在はコンサルの予約が 2 カ月先まで満杯。クライアントからの評価も高く、「月収が 7 桁にアップした」「副業で継続して 40 万円入るようになった」といった経済面から、「恋人ができた」「結婚できた」「パートナーシップがよくなった」といった人間関係の改善など、さまざまな問題解決に貢献している。

公式ブログ：https://ameblo.jp/ringoandmomo/
フェイスブック：https://www.facebook.com/yamazaki.fumie.96
インスタグラム：https://www.instagram.com/fumie.aura/

愛されながら豊かになれる
感情のトリセツ

2024年11月18日　第1刷発行

著　　者　山嵜史恵（フーミン）
発 行 者　鈴木勝彦
発 行 所　株式会社プレジデント社
〒102-8641　東京都千代田区平河町2-16-1
平河町森タワー13F
https://www.president.co.jp　https://presidentstore.jp/
電話　編集（03）3237-3732
販売（03）3237-3731

出版プロデュース&構成　竹下祐治
編　　集　田所陽一
販　　売　桂木栄一　高橋 徹　川井田美景　森田 巌　末吉秀樹　庄司俊昭
大井重儀
ブックデザイン& DTP &イラスト　中西啓一（panix）
図版制作　橋立 満（翔デザインルーム）
写真撮影　Chiba Satomi
制　　作　関 結香

印刷・製本　萩原印刷株式会社

　ISBN978-4-8334-2552-0

Printed in Japan
落丁・乱丁本はおとりかえいたします。